온·오프라인 수업설계 퀵 모형, AMOS Model

홍성욱 | 홍수민

교수 설계 모형은 있는가?

나는 평소 주변에 있는 교수자들에게 자신이 활용하고 있는 교수 설계 모형이 있는지를 물어 왔다. 아쉽게도 나의 질문에 그렇다고 답한 교수자는 한 명도 없었다. 물론 수업 지도안을 만들어 수업을 준비하고 있는 교수자는 많다. 대개 수업 지도안은 도입, 전개, 정리 단계로 간략히 구분되어 있다. 자세한 틀을 갖춘 수업 지도안은 Gagné의 9가지 교수 사태(9 events)에 기반하여 주의 집중, 선수 지식 검토, 학습 목표 제시, 학습 내용 제시, 연습 및 실습, 학습 내용 요약 및 정리 등으로 구분되어 있다. 하지만 절차를 따르는 것만으로 좋은 수업이 되는 것은 아니다. 수업 지도안은 현실의 필요로 교육 현장에서 작성되고 있지만, 형식에 그치고 있으며, 수업 목표를 달성하기 위한 타당하고 체계적 접근으로 보기 어렵다.

교수 설계 모형에 관한 도서, 유튜브 등의 자료를 찾아보면 대부분 학문적인 내용이거나 임용고시 시험 과목인 교육학 시험 준비를 위한 내용이다. 실제로 시중에서 구할 수 있는 교수 설계 모형의 고객은 교육을 전공하는 학생들이거나 교육학 시험을 준비하는 수험생이라 할 수 있다. 물론 그들도 교수 설계의 모형의 고객이지만, 더 큰 고객은 일상적으로 수업을 설계하고 강의해야 하는 세상의 수많은 교수자이다. 그런 면에서 볼때 실제 고객인 교수자를 위한 교수 설계 모형에 대한 지식은 매우 부족해 보인다.

물론 저명한 학자들이 제시하는 다양한 교수 설계 이론과 모형이 있지만, 당장에 직면한 수업을 설계해야 하는 현장의 교수자에게는 그림의 떡이라고 할 수 있다. 만일 어떤 교수자가 열정을 갖고 교수 설계 이론을 집중하여 학습한다고 해도, 그 내용을 충분히 이해하고 적용하는 것은 결코 쉬운 일이 아니다. 또한, 어느 교수 설계 이론이 우수하다고 해도 한 가지 교수 설계 이론이나 모형만으로 다양한 맥락에서 전개되는 현장의 수업을 설계하는 것은 가능하지 않은 일이다.

나는 여러 해 동안 현장의 교수자들이 실제로 활용할 수 있는 교수 설계 모형의 존재를 확인하고자 노력했다. 하지만 교수자가 당장 실행해야 할 수업을 쉽고 체계적으로 준비하고, 또한 수업의 질을 담보할 수 있는 교수설계 모형을 발견하지 못했다. 그러면서 '어쩌면 현장의 교수자들이 일관성 있게 적용할 수 있는 교수 설계 모형이 없는 것은 아닐까?'하는 의심이 생겼다. 모래알처럼 셀 수 없이 많은 교수자가 끊임없이 수업을 준비하고, 수업을 전개하고 있는 현실에서 마땅한 교수 설계 모형이 없다는 것이 믿어지지 않았다.

이상은 교수 설계에 대한 나의 문제 의식이다. 자격이 충분하지 않지만, 나는 오랜 고민과 연구를 통해 기존의 교수 설계 모형의 한계를 극복하고, 교육 현장의 현실적 요구와 맥락을 담을 수 있는 통합적 교수 설계 모형으로 'AMOS 모형'을 제시하고자 한다.

저자 홍성욱

교수와 수업

교수 설계에 관심을 가지고 내용을 살펴보면, 용어에 혼란을 겪게 된다. 교수 설계란 표현과 더불어 수업 설계란 표현을 섞어서 쓰고 있기 때문이다. 또한 교수와 학습, 교수 · 학습과 수업, 교수 이론과 수업 이론 등도 혼용하고 있어, 명확한 개념 이해를 바탕으로 한 용어의 활용을 방해하고 있다. 이미 이러한 상황에 대한 문제를 제기하고 연구를 진행하여 개념을 정리한 논문이 있지만, 아직 많은 교수자는 교수 설계와 수업 설계를 혼용해서 쓰고 있다. 그 결과 실제 수업을 준비해야 하는 교수자 입장에서 혼란스러운 상황에서 벗어나지 못하고 있다.

이러한 문제에서 벗어나기 위하여 teaching과 instruction을 구분해본다. Teaching은 가르치는 활동, 즉 교수 활동을 의미하고, teacher는 가르치는 사람, 즉 교수자를 말한다. 교수(teaching)와 교수자(teacher)는 학습(learning)과 학습자(learner)의 관계처럼 쌍을 이루는 용어다. 모든 학교 조직에는 있는 교수학습지원센터는 CTL(Center for Teaching & Learning)로 부른다.

한편으로 instruction은 시간과 장소가 한정된 교육적 활동을 의미한다. 즉, 특정 상황에서의 교수(teaching)와 학습(learning)을 촉진하는 제반 활동을 의미한다. 그러므로 instruction은 teaching과 learning을 포함하는 수업으로 표현하는 것이 적절하다. 결과적으로 교수 설계(instructional design)는 일반적 교수 활동인 teaching이 아니라 학습 목표, 장소, 시간, 대상자 등이 특정된 수업에 관한 활동이기 때문에 교수 설계보다는 수업 설계가 더 적절한 표현이라 할 수 있다.

이 책에서는 교수와 수업을 구분하고 교수 설계를 수업 설계로 표현하고자 한다. 교수와 수업의 구분은 작은 노력이지만, 좋은 수업을 설계하고자 하는 교수자와 수업 설계자를 돕는 일이 되길 바라고, 용어의 사용에서 괜한 혼란을 벗어나는 계기가 될 수 있기를 기대한다.

저자 홍수민

목 차

CHAPTER 01 수업 설계란 무엇인가?

1. 수업 설계의 개념

대학교 1학년 때 교양과목으로 수강한 국민윤리 수업에서 들었던 한 문장이 장기 기억에 남아 있다. 맥락은 전혀 기억나지 않지만, 철학자 칸트가 한 말로 '내용 없는 형식은 공허하고, 형식 없는 내용은 산만하다.'이다. 나중에 안 얘기지만, '내용 없는 사유는 공허하고, 개념 없는 직관은 맹목이다.'라는 칸트의 사상에서 변형된 표현이라고 한다.

이 문장은 여러 상황에 적용할 수 있다. 수업 상황에서 교수자가 훌륭한 수업 설계 모형을 가지고 있다 하더라도 가르칠 내용이 부실하면 의미가 없다. 반면에 내용은 훌륭하지만, 그 내용이 체계적으로 전달되지 않으면, 효과는 기대할 수 없다. '구슬이 서말이라도 꿰어야 보배다.'라는 말과도 같은 의미이다. 그러므로 교수자가 교육 내용을 체계적으로 전달하고, 학습 목표를 달성할 수 있는 수업 설계 모형은 반드시 필요한 도구이다. 그럼에도 불구하고 대부분 교수자는 일관성 있게 활용할 수 있는 수업 설계 모형을 갖고 있지 못한 현실이다.

교육 활동은 크게 '무엇을 가르칠 것인가?'와 '어떻게 가르칠 것인가?'로 구분할 수 있다. 무엇을 가르칠 것인가는 교육 과정(curriculum)에 관한 내용으로 교육받은 사람이 어떤 상태여야 하는지를 결정하는 활동이며, 교육의 철학에 따라 그 내용은 달라질 수 있다. 무엇을 가르칠 것인가를 결정하고 나면, 다음으로 어떻게 가르칠 것인가를 결정해야 한다. 즉, 수업 설계는 어떻게 가르칠 것인가에 대한 고민이며, 수업 목표 달성과 수업 성과에 초점을 맞춘다. 수업의 성과는 높은 수준의 학습 목표를 달성하는 효과성, 최소한의 시간과 자원을 활용하여 학습 목표를 달성하는 효율성, 학습자의 흥미와 주도적 태도를 이끄는 매력성이다.

(1) 수업 설계의 정의

최신 수업 설계 이론을 체계적으로 정리한 미국의 교육학자 Reigeluth는 수업의 변인을 세 가지 범주, 즉 수업 조건, 수업 방법, 수업 결과로 나누었다. 첫째, 수업 조건은 학습자가 갖추고 있는 지적, 기능적, 태도적 수준의 현재 학습 능력을 말한다. 즉, 수업 조건은 학습자의 현재 상태이며, 교수자가 통제할 수 없는 제약 조건이다. 둘째, 수업 방법이란 학습 성과 향상을 위해 지원해야 할 교수·학습 활동, 즉 교수자와 학습자의 상호작용 방법을 말한다. 수업 방법은 교수자가 통제할 수 있다. 셋째, 수업 결과는 학습 후 새롭게 형성된 학습 능력, 즉 학습자가 달성해야 할 학습 목표를 말한다. 수업 결과는 효과성, 효율성, 매력성 세 가지 측면으로 평가할 수 있다.

수업의 세 가지 변인, 즉 수업 조건, 수업 방법, 수업 결과는 각각의 요소를 어떻게 관련 짓느냐에 따라 수업 이론의 성격이 달라진다. A의 수업 조건에서 B의 수업 방법을 실행하면, C라는 결과가 나타난

••그림 1-1 학습 이론과 처방 이론

A. 수업 조건 ⟶ B. 수업 방법 ⟶ C. 수업 결과

서술 이론(학습 이론): A의 수업 조건에서 B의 수업 방법을 실행하면, C의 수업 결과가 나타난다.

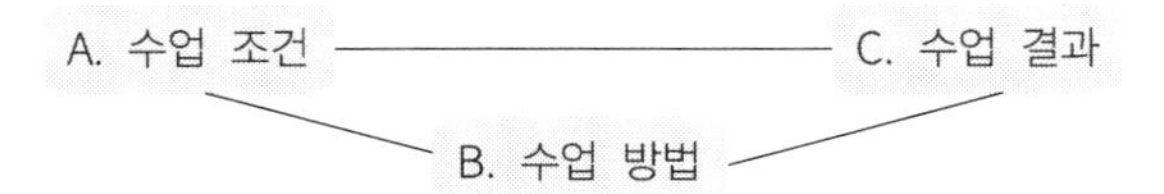

처방 이론(수업 설계 이론): A의 수업 조건에서 C의 수업 결과를 얻으려면, B의 수업 방법을 실행해야 한다.

다는 것은 학습자의 내적 학습 과정을 설명하는 학습 이론으로 서술적 이론이다. 한편으로 A라는 수업 조건에서 C라는 수업 결과를 얻으려면, B라는 수업 방법을 사용해야 한다. 즉, 주어진 조건에서 정해진 학습 목표를 달성하기 위한 수업 방법을 고민하는 수업 설계는 목표하는 결과를 만들기 위한 방법론으로 처방 이론이라 할 수 있다.

결론적으로 수업 설계란 수업의 조건을 분석해서 학습자의 변화 목표를 정하고, 학습 목표 달성을 위한 방법을 처방하는 활동이다. 수업 설계 이론과 모형은 특정한 학습자와 교과 내용에 맞는 최적의 수업 방법을 설계하여 수업의 효과성, 효율성, 매력성을 높이고자 하는 활동을 위한 지식 체계라고 할 수 있다. 다시 말해 수업 설계란 수업을 통해 달성해야 할 학습 목표를 명확히 하고, 수업의 학습 목표를 달성하기 위한 흐름을 정리하는 활동이다. 즉, 수업 설계는 수업 목표를 달성하기 위한 성공 전략 체계로 효과적이고 매력적인 수업을 준비하는 필수적인 활동이다. 그러므로 수업의 성공은 수업 설계의 질에 달려 있다고 할 수 있다.

한편으로 미국의 교육학자 Gustafson & Branch(2007)는 수업 설계란 일관성 있고, 신뢰할 수 있는 방식으로 수업을 개발하는 체계적 과정이라고 하였다. 이 정의는 교수자의 수업 설계 활동을 검토할 수 있는 기준을 제공한다. 즉, 수업 설계는 논리적 일관성과 올바른 방향을 담보하는 타당성이 있는 체계적 과정이어야 한다. 반대로 수업 설계 활동이 일관성과 타당성을 확보하지 못하면 좋은 수업을 기대할 수 없다는 의미이다.

(2) 수업 설계 이론과 수업 설계 모형

수업 설계에는 수업 설계 이론과 수업 설계 모형이 있다. 언뜻 비슷해 보이지만 개념적 구분이 필요하다. 수업 설계 이론이란 모든 교육에서 보편적으로 활용할 수 있는 고유한 수업 설계 원리 체계를 말한다. 수업 설계 이론에는 Gagné의 수업 설계 이론, Merril의 내용 요소 전시 이론, Reigeluth의 정교화 이론, Keller의 ARCS 이론 등이 있다. 반면에 수업 설계 모형은 수업 설계 원리에 따른 다양한 방법론을 말하며, 특수한 맥락에 따른 다양한 방법 체계를 의미한다. 예를 들어 Gagné의 수업 설계 이론을 바탕으로 하는 수많은 Gagné식 수업 설계 모형이 존재할 수 있다. 예컨대 Gagné의 수업 설계 이론에 기반한 언어 교육 설계 방법은 언어 교육이란 특수한 맥락에서 Gagné의 수업 설계 원리가 적용된 방법이기 때문에 Gagné의 수업 설계 원리에 기반한 언어 교육을 위한 수업 설계 모형이 된다.

최근 활발히 전개되고 있는 온라인 수업에도 수업 설계 이론과 수업 설계 모형은 반드시 필요하다. 즉, 온라인 수업을 설계할 때는 수업 설계 이론을 바탕으로 온라인 수업의 맥락과 특성에 따른 온라인 수업 설계 모형이 필요하다.

2. 책의 구성

이 책의 목적은 수많은 교수자가 일상적으로 활용할 수 있는 실제적인 수업 설계 모형이 부재하다는 현실에서 수업 준비를 위해 고민하는 교수자를 돕기 위해 필자가 지속적인 연구를 통해 개발한 현장 지향 통합적 수업 설계 모형, AMOS Model의 제시이다.

성공적 수업을 위해서는 수업 설계의 개념을 정확히 이해하고, 수업 설계 활동을 하는 것이 필요하다. 1장에서는 '수업 설계란 무엇인가?'라는 질문을 바탕으로 수업 설계의 정의, 수업 설계 이론과 모형의 차이를 소개한다. 또한, 책에 대한 전체적 이해를 돕기 위해 이 책의 구성 내용을 소개한다.

2장에서는 지금까지 세상에 나온 수업 설계 이론을 제시한다. 수업 설계의 아버지라고 할 수 있는 Gagné의 9가지 교수 사태 이론을 비롯하여 Merril의 내용 요소 전시 이론, Reigeluth의 정교화 이론, Keller의 학습 동기 전략인 ARCS 이론, 환경 설계를 강조한 구성주의 수업 설계 이론을 소개한다.

3장에서는 수업 설계의 핵심 요소인 학습 목표의 개념, 학습 목표의 진술 방법, 학습 목표 달성 전략을 소개한다. 특히 수업 설계의 핵심 전략인 학습 목표 달성 방법으로 말하기(설명), 보여주기(예시), 해보기(적용), 표현하기(표현)의 의미와 방법을 제시한다.

4장에서는 지금까지 나온 수업 설계 이론들을 통합하고 교육의 맥락에 따라 전략을 선택할 수 있는 통합적 수업 설계 방법으로 AMOS 모형을 제시한다. 여기에서는 AMOS 모형의 요소, AMOS 모형 적용을 위한 6단계, 빠르고 정확하게 수업을 설계할 수 있는 AMOS 수업 설계

컥 모형을 소개한다.

5장에서는 온라인 수업이 활발히 전개되는 시대에 AMOS 모델을 활용한 온라인 수업 설계 모형을 소개한다. 여기에서는 녹화된 영상 제공 방식인 비실시간 온라인 수업 설계 모형과 영상을 통해 학습자와 실시간으로 수업을 전개할 수 있는 실시간 온라인 수업 설계 모형을 제시한다.

6장에서는 AMOS 모형을 적용하는데 필요한 수업 설계 기본 양식으로 수업 재료를 만들며 수업을 준비하는 양식, 요리 레시피처럼 수업의 흐름을 설계하는 양식, 강의 슬라이드 설계 및 교수자 스킬 양식을 소개한다. 여기에 더해 AMOS 모형을 기반으로 한 수업 평가 양식을 제시한다.

7장에서는 AMOS의 모형을 적용하여 수업 설계한 사례로써, 학교 교육 수업 설계 사례, 기업 교육 수업 설계 사례, 평생 교육 수업 설계 사례, 온라인 교육 수업 설계 사례를 제시한다.

8장에서는 AMOS 모형에 대한 Q&A를 비롯하여 AMOS 모형의 교육적 의미와 AMOS 모형과 관련된 다양한 교육 이야기를 소개한다.

CHAPTER 02 지금까지의 수업 설계 이론

'무엇을 가르칠 것인가?'에 대한 답을 찾았다 하더라도 '어떻게 가르칠 것인가?'에 대한 답을 찾지 못하거나 학습 목표를 달성하는 결과를 만들지 못하면, 교육과정은 의미를 잃게 된다. 무엇을 가르칠 것인가를 진지하고 충분하게 고민하여 내용을 결정했다면, 어떻게 가르쳐야 할 것인가에 그 이상의 힘을 써서 실제 학습자를 변화시키기 위한 총력을 기울여야 한다. 그렇지 않으면 올림픽에서 금메달을 목표로 정했지만 전략 없이 경기에 출전하는 꼴이라고 할 수 있다.

이 책에서는 소개하는 AMOS 모형은 수업 설계 이론에 관한 전문적 이해 없이도 활용할 수 있는 방법론이다. 하지만 AMOS 모형을 잘 활용하기 위해서는 AMOS 모형을 구성하는 요소의 의미와 원리를 이해하고 있어야 상황과 맥락에 맞게 활용할 수 있고, 융통성을 발휘할 수 있다. 그런 맥락에서 지금까지 세상에 나온 주요 수업 설계 이론을 먼저 정리해본다. 여기에서 정리한 수업 설계 이론은 AMOS 모형에 포함된 내용이다. 이론에 관심이 없다면 이 장을 건너뛰고 넘어가도 큰 무리는 없다.

1. Gagné의 수업 설계 원리(9 Events)

수업 설계 이론을 소개할 때 제일 먼저 소개하고 가장 많이 소개하는 이론은 Gagné의 수업 설계 원리다. Robert M. Gagné(1916~2002)는 미국의 교육심리학자로서 좋은 수업을 위해 고려해야 할 요소들과 수업 이론을 정립하였다. Gagné는 수업이란 학습하는 것을 도와주는 것을 목적으로 한 타인의 행위라고 정의하였다. Gagné의 업적은 교육과정, 즉 무엇을 가르쳐야 할 것인가와 구별되는 수업(instruction), 즉 어떻게 가르칠 것인가를 연구하는 수업 설계 이론 영역을 개척한 점이다. 여기에서는 수업 설계 방법, 즉 어떻게 가르칠 것인가에 관한 내용을 제시한다.

Gagné의 수업 설계 이론은 인간의 사고 과정을 컴퓨터 정보 처리 프로세스의 관점으로 유추한 정보 처리 이론을 기반으로 하고 있다. 정보 처리 이론에서 학습이란 새로운 정보가 감각 등록기를 거쳐 선택적 지각을 통해 단기 기억에 머물고, 다시 장기 기억에 들어가 의미 있게 조직화 되는 과정을 의미한다. Gagné는 장기 기억에 의미 있게 조직화 된 결과로써 인간의 학습된 능력을 크게 다섯 가지로 범주화했다. 즉, 내용을 기억하는 수준의 능력으로 언어 정보(verbal information), 학습 내용을 상황에 맞게 비유하거나 적용할 수 있는 수준의 능력으로 지적 기술(intellectual skill), 창의적으로 문제를 할 수 있는 능력으로 인지 전략(cognitive stategies), 몸을 움직여서 해야 하는 기능적 능력으로 운동 기술(motor skills), 어떤 사건과 사물에 대해 좋고 싫어하는 상태를 의하는 태도(attitude)로 구분하였다.

•• 표 2-1 학습자의 인지 과정(내적 조건)과 9가지 교수 사태(외적 조건)

정보 처리 이론	학습 단계	내적 조건	외적 조건(9 events)	학습 결과
자극 감각기	학습 준비	주의	1. 주의 획득	5가지 학습 목표 1. 언어 정보 2. 지적 기술 3. 인지 전략 4. 운동 기술 5. 태도
		기대	2. 학습자에게 목표 제시	
		재생	3. 선행 학습 능력의 재생 자극	
단기 기억 / 장기 기억	학습 전개	선택적 지각	4. 자극 자료의 제시	
		의미 있는 정보 저장	5. 학습 지침의 제공	
		재생과 반응	6. 수행 행동의 유도	
		강화	7. 수행 결과에 대한 피드백	
수행기	전이	자극에 대한 재생	8. 수행 행동의 평가	
		일반화	9. 기억과 전이 높이기	

학습 목표가 설정되면 그에 따른 수업 방법이 처방된다. Gagné는 인간이 학습하는 과정, 즉 학습자의 내적 인지 과정을 9단계로 설명하고, 단계별로 학습의 내적 과정을 돕는 외적 자극으로써 아홉 가지 수업 사태(9 events)를 제시하였다. <표 2-1>은 정보 처리 이론에 따른 학습자의 인지 과정(내적 조건)과 아홉 가지 수업 사태(외적 조건), 그리고 학습 결과를 종합한 표이다.

Gagné는 수업 설계 이론을 태동시킨 사람이다. 그러나 그 이상으로 평가받아야 할 점은 그의 영향력이다. Gagné 이론의 강점은 현장의 교육 실천가에게 유용한 활동 지침을 제공했다는 것과 미시적 수준의 수업 설계 원리를 제공했다는 것이다. 반면에 Gagné 이론의 약점은 일반적 수준에서 내용을 전개했기 때문에 교수자가 바로 활용하기에 충분한 방법론을 제시하지 못하고 있다는 점이다. 또한, 학습자에게 일방적으로 자극을 제공하는 교수자 중심이라는 점도 비판받고 있다.

Gagné의 수업 설계 원리 등의 전통적 수업 설계 이론은 이후에 구성주의 이론에 의해 비판받게 된다. 구성주의에서 학습자는 교수자가 제공하는 객관적 지식을 그대로 수용하고 인출 하는 대상이 아니며, 지식을 스스로 구성하며 학습하는 주체이다. 그럼에도 불구하고 실제 교육을 설계하고 수업을 진행하고 있는 교육 현장에서는 Gagné의 수업 설계 모형이 여전히 활발하게 활용되고 있다. 그 이유는 지식 사회로 발전하는 과정에서 전통적 관점을 벗어나 새로운 관점으로 수행해야 할 교육이 있지만, 그에 앞서 필요한 지식을 효과적으로 학습해야 하는 교육이 여전히 중요하기기 때문이다. 그러므로 Gagné의 수업 설계 원리의 가능성을 살리고 한계점을 보완하는 노력을 한다면, 이미 Gagné의 수업 설계 모형을 기반으로 수업하는 현장에 실제적인 도움을 줄 수 있을 것이다.

2. Merill의 내용 요소 전시 이론(component display theory)

Gagné의 수업 설계 이론은 현재까지 영향력 있는 수업 설계 원리로 기능하고 있지만, 학습 목표를 선명한 이미지로 제시하지 못하였다. 또한, 인간의 학습 과정을 이끄는 외적 조건으로 제시한 9가지 수업 사태는 구체성에서 한계를 드러냈다. Gagné의 제자인 Merrill은 이러한 문제를 보완하기 위하여 학습 목표의 구조를 학습 내용과 학습 행동의 이차원으로 구분하였고, 9가지 수업 사태 중 학습 전개 과정을 1차 제시형과 2차 제시형으로 발전시킨 내용 요소 전시 이론을 제시하였다.

50년 이상 수업 설계 이론을 연구한 미국의 교육학자 M. David

•• 그림 2-1 **수행 X 내용 매트릭스**

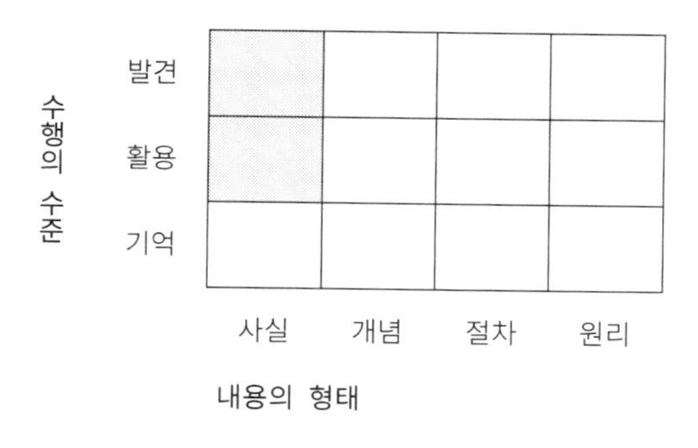

Merrill은 내용을 네 가지 범주인 사실, 개념, 절차, 원리로 구분하였고, 학습 결과로써 수행의 세 가지 수준을 기억, 활용, 발견으로 구분하여 이 두 가지를 '내용 X 수행 매트릭스'로 표현하는 학습 목표 분류 체계(taxonomy)를 제시하였다.

내용의 형태와 수행의 수준이 만나면 사실을 기억하는 학습 목표에서 원리를 발견하는 학습 목표까지 총 10개의 학습 목표 범주가 구분된다. [그림 2−1]에서 사실의 활용 칸과 사실의 발견 칸이 제외된 이유는 사실이란 일반성이 없는 하나의 특수한 예로 사실을 기억하는 것은 학습 목표가 될 수 있지만, 사실을 활용하고 발견하는 것은 학습 목표가 될 수 없기 때문이다.

Merrill은 각각의 학습 목표를 달성하기 위한 수업 전략으로 1차 제시형과 2차 제시형을 제시했다. 1차 제시형은 학습 목표 달성을 위한 기본적인 교수 전략이며, 2차 제시형은 1차 제시형을 정교하게 만드는 보조적 수단이다. 1차 제시형이 수업의 뼈대라면 2차 제시형은 뼈대에 붙어 있는 살이라고 할 수 있다.

Merrill은 내용의 속성(일반성, 사례)과 교수 활동(설명, 질문)이 교차하는 네 가지 교수 활동을 1차 제시형이라 하였다. 내용의 일반성을 설명하는 면을 rule(법칙), 내용에 관한 예를 제시하는 면을 example(예시), 학습자에게 내용 적용의 기회를 요구하는 면을 exercise(연습), 학습자에게 내용의 일반성을 설명하는 기회를 요구하는 면을 recall(회상)' 이라고 하였다. Merrill은 앞서 제시한 10개의 학습 목표 별로 1차 제시형의 교수 전략을 제시하였다.

•• 그림 2-2 **1차 제시형**

	설명 Expository (E)	질문 Inquisitory (I)
일반성 Generality (G)	법칙 rule	회상 recall
사례 Instance (eg)	예 example	연습 excercise

1차 제시형을 보완해주는 2차 제시형은 6가지로 내용에 관한 배경 등의 맥락(c, context), 사전에 학습한 내용을 제시하는 선수 학습(p, prerequisite), 기억을 돕는 암기(m, mnemonic), 학습 촉진에 도움을 주는 도움말(h, mathemagenic help), 다른 표현을 제시하는 표현(r, representation), 행동 결과에 대한 정보로써 피드백(FB, feedback)이다. Merrill은 내용의 법칙과 예를 설명할 때는 맥락, 선수 학습, 암기, 도움, 표현법의 다섯 가지가 2차 제시형이 타당성을 가지며, 학습자에게 연습과 회상을 요청할 때는 맥락, 도움, 표현, 피드백의 네 가지 2차 제시

형이 타당성을 갖는다고 보았다.

Gagné의 9가지 수업 사태에서 내용 제시 전략을 발전시킨 Merrill은 1차 제시형과 2차 제시형을 통해 상세하고 명확한 수업 설계 방법을 제시하였다. Merrill의 내용 요소 전시 이론은 Gagné의 수업 설계 이론에 비해 현장에서의 적용 가능성을 더 고려했다는 점에서 실용적 가치를 높였다고 할 수 있다. 반면에 하나의 목표에 하나의 방법을 추구하는 최적화된 설계를 추구함으로써 학습 목표와 교수 방법을 지나치게 정교화하였고, 적정한 수준에서 학습 목표를 설정하고 있는 실제 수업의 교육 목표로 전환하기에는 한계를 나타냈다. 한편으로 Merill(2013)은 내용 요소 전시 이론을 바탕으로 저술한 책인 「First Principles of Instruction(교수의 으뜸 원리)」를 통해 제1 교수 원리, 즉 문제 기반의 원리, 활성화의 원리, 시범의 원리, 적용의 원리, 통합의 원리를 제시하였다.

3. Reigerluth의 정교화 수업 이론

미국의 교육공학자 Reigeluth가 제시한 정교화 수업 이론은 소위 줌렌즈 방식이다. 수업에서 전체로서 일반적인 아이디어를 제시한 후 내용을 심화하거나 세분화 시킨 후에 다시 전체를 보여 주는 것을 반복하는 방식이다. 수업의 효과성을 높여주는 정교화 수업 이론은 개념적 내용, 절차, 원리의 유형에 따라 7가지 전략을 포함한다.

정교화 방법에 따른 7가지 전략은 1) 정교화된 계열 2) 선수 학습 능력 계열화 3) 요약자 사용 4) 종합자 사용 5) 비유 활용 6) 인지 전략 활성화 7) 학습 통제이다. 수업에서 정교화 전략을 적절하게 활용하면 효과적인 수업을 기대할 수 있다. 다음은 정교화 이론의 7가지 전략의 개요이다.

1) 정교화된 계열화

단순한 것에서 출발해서 점점 복잡한 내용을 제시하는 단순−복잡 계열의 한 형태이다. 내용의 유형 특성과 맥락에 따라 진행한다. 개념은 상위, 하위 개념의 조직도를 그린 다음 가장 일반적이고 포괄적인 것으로부터 점차 상세하고 포괄성이 적은 개념의 순서로 수업 내용을 계열화한다. 절차는 절차나 기술을 습득시킬 때 가장 단순하고 최단의 코스로 먼저 제시하고, 차차 구체적인 절차를 제시한다. 이론은 가르쳐야 할 원리를 가장 기초적이고 명백한 원리로부터 가장 세부적이고 복잡하여 포괄성이 적은 원리의 순으로 계열화한다.

2) 선수 학습 능력 계열화

내용을 학습하기 전에 학습자가 미리 알아야 할 내용을 제시하는 것을 말한다. 개념의 선수 학습 능력은 개념을 결정 짓는 특성과 그들 사이의 상호관계를 제시한다. 절차의 선수 학습 능력은 각 단계에 속하는 행동의 구체적 서술과 그 행동들과 관련된 개념 등을 제시한다. 원리의 선수 학습 능력은 각종 개념과 변화를 나타내는 관계를 제시한다.

3) 요약자 사용

학습한 내용을 체계적으로 복습하는데 사용되는 전략으로 쉽게 기억할 수 있는 예를 제공하거나 평가 문항을 제공할 수 있다.

4) 종합자 사용

학습한 내용을 통합하거나 연결하는 전략으로 수업 내용의 전체

윤곽 속에서 아이디어들이 어떻게 연결되어 있는지를 통합적으로 예시, 연습 문제 등을 제시해 준다.

5) 비유 활용

새로 학습한 내용을 학습자의 친숙한 아이디어에 연결해 이해를 돕는 전략으로, 학습 과정을 설명할 때 컴퓨터의 정보 처리 과정에 비유하면 이해가 빠른 것과 같다.

6) 인지 전략 자극자

학습자가 학습 내용에 알맞은 그림, 표, 도식, 암기법, 비유 등을 찾아내도록 도와주는 전략이다. 연구 결과, 학습자가 자신이 인지 전략을 인식하고 조절할 수 있을 때 학습자는 더 능동적으로 참여하고 학습 효과가 커진다.

7) 학습자 통제

학습자 스스로 학습 내용과 속도, 전략을 선택하고 계열화하는 전략이다. 학습자는 학습 과정을 통제 할 때 학습의 효과성과 효율성이 극대화 될 수 있다. 정교화 수업 이론은 학습 내용, 교수 전략, 인지 전략을 선택 및 계열화 할 수 있도록 한다.

Merrill의 제자인 Reigeluth의 정교화 수업 이론은 Ausubel의 선행 조직자 이론과 Merrill의 내용 요소 전시 이론을 확장한 이론으로 수업 내용을 선정, 계열화하여 종합하고 요약하는 수업 설계 이론이다. 내용 요소 전시 이론은 내용 제시를 계열화하는 미시 이론이라면, 정교화 수업 이론은 교육 과정이나 코스 수준의 설계에 적합한 거시적 접근이다. 기존의 이론이 정해진 내용에 초점을 맞추어 체계적 수업 활동을 전개했다면, 정교화 수업 이론은 수업 내용의 전체와 부분의 관계를 이해하며 수업을 진행하는 것이 특징이다.

4. Keller의 학습 동기 설계 이론(ARCS 모형)

미국의 교육학자 John M. Keller(1938~)의 ARCS 이론은 동기에 관한 기존 이론 및 연구를 종합한 학습 동기 이론으로 수업 과정에서 학습 동기를 유발하고 유지하기 위한 동기 설계 전략을 제공한다. Keller는 학습 동기를 유발하고 유지하기 위하여 가장 중요한 변인들을 주의(Attention), 관련성(Relevance), 자신감(Confidence), 만족감(Satisfaction)의 4가지로 정리하였다.

실제로 수업 과정에서 필요한 기본적 학습 동기는 주의 집중(Attention)이다. 학습자가 수업의 자극에 주의를 기울이는 것은 학습이 일어나기 위한 기본 조건이다. 수업을 시작하면서 학습자의 주의를 끄는 데 성공하지 못하면 다음 단계의 성과를 기대하기 어렵다. 학습 동기의 두 번째 요소로 관련성(Relevance)은 수업 내용이 학습자의 흥미나 목적과 관련 있다는 것을 제시하는 전략이다. 학습 동기의 세 번째 요소로 자신감(Confidence)은 학습자가 필요한 노력을 하면 학습 목표를 달성할 수 있다고 생각하게 하는 전략으로 학습 활동을 지속하게 해준다. 학습 동기의 네 번째 요소로 만족감(Satisfaction)은 학습자의 노력과 결과가 학습 초기의 기대와 일치하도록 하는 전략으로 학습자가 수업에 만족한다면 학습 동기는 계속 유지된다는 것이다. <표 2-2>는 Keller의 학습 동기 전략과 구체적 방법을 한눈에 보여 준다.

•• 표 2-2 **Keller의 학습 동기 유발 및 유지 전략**

동기 요소	전략	구체적 방법
주의 (Attention)	A.1 지각적 주의 환기 전략	① 시청각 효과의 활용 ② 비일상적 내용이나 사건 제시 ③ 주의 분산의 자극 지양
	A.2 탐구적 주의 환기 전략	① 능동적 반응 유도 ② 문제 해결 활동의 구상 장려 ③ 신비감의 제공
	A.3 다양성 전략	① 간결하고 다양한 교수 형태의 사용 ② 일방적인 교수와 상호작용적 교수의 혼합 ③ 목표-내용-방법의 기능적 통합
관련성 (Relevance)	R.1 친밀성 전략	① 친밀한 인물 혹은 사건의 활용 ② 구체적이고 친숙한 그림의 활용 ③ 친밀한 예문 및 배경 지식의 활용
	R.2 목적 지향성 전략	① 실용성에 중점을 둔 목표 제시 ② 목적 지향적 학습 형태 활용 ③ 목적의 선택 가능성 부여
	R.3 필요나 동기와의 부합성 강조 전략	① 다양한 수준의 목적 제시 ② 학습 성과 기록 체제 활용 ③ 비경쟁적 학습 상황의 선택 가능 ④ 협동적 상호 학습 상황 제시
자신감 (Confidence)	C.1 학습의 필요 조건 제시 전략	① 수업의 목표와 구조의 제시 ② 평가 기준 및 피드백의 제시 ③ 선수 학습 능력의 판단 ④ 평가 조건의 확인
	C.2 성공 기회 제시 전략	① 쉬운 것에서 어려운 것으로 과제 제시 ② 적정 수준의 난이도 유지 ③ 다양한 수준의 시작점 제공 ④ 무작위의 다양한 사건 제시 ⑤ 다양한 수준의 난이도 제공
	C.3 개인적 조절감 증대 전략	① 학습의 끝을 조절할 수 있는 기회 제시

동기 요소	전략	구체적 방법
		② 학습 속도의 조절 가능 ③ 원하는 부분으로 재빠른 회귀 가능 ④ 선택할 수 있는 다양한 과제와 난이도 제공 ⑤ 노력이나 능력에 성공 귀착
만족감 (Satisfaction)	S.1 자연적 결과 강조 전략	① 연습 문제를 통한 적용 기회 제공 ② 후속 학습 상황을 통한 적용 기회 제공 ③ 모의 상황을 통한 적용 기회 제공
	S.2 긍정적 결과 강조 전략	① 적절한 강화 스케줄의 활용 ② 의미 있는 강화의 제공 ③ 정답을 위한 보상 강조 ④ 외적 보상의 사려 깊은 사용 ⑤ 선택적 보상 체제 활용
	S.3 공정성 강조 전략	① 수업 목표와 내용의 일관성 유지 ② 연습과 평가 내용의 일치

Keller의 ARCS 이론의 요소는 기본적으로 수업 설계 과정에서 적절한 선택을 할 수 있는 메뉴판식 전략이지만, 전체적으로는 인간의 학습 과정을 컴퓨터 정보 처리 프로세스에 비유한 정보 처리 학습 이론의 흐름에 따르고 있다. 주의를 집중시키고 학습에 대한 기대감을 주는 자극 감각기에서는 주의 집중 전략 및 관련성 전략, 학습이 전개되는 장기 기억 단계에서는 자신감 전략, 전이를 위한 수행기에는 만족감 전략이 핵심 요소가 된다.

Gagné와 Merrill의 수업 설계 이론은 학습 내용(지식)에 대한 이해 정도를 선수 학습 능력 수준으로 파악하였다면, Keller의 학습 동기 설계 모형은 학습자가 학습 내용에 대해 느끼는 동기 수준을 학습 준비 수준으로 바라본다. Keller는 지적 영역에 집중하면 자연스럽게 정의적 영역도 충족될 것이라는 기존의 수업 설계 이론의 가정을 비판한다. 다만 Keller는 내용 설계를 할 수 없으면 동기 설계도 할 수 없다고 하였다. 즉, 학습 내용을 이해하는 내용 설계가 가능하지 않다면 학습 내용의 이해를 돕는 동기 설계도 가능하지 않다고 보았다.

ARCS 이론은 수업 설계 이론가들에게 유용한 개념을 제공하고 있다는 점에서 평가가 된다. 그러나 Keller는 내용 설계와 동기 설계를 통합하는 아이디어를 분명하게 제시하지 못했다. 정인성, 나일주(1999)는 학습자의 동기 문제는 개인적 특성과 관련이 있고, 학습 동기에 영향을 미치는 조건의 복합성으로 학습 동기 전략을 구체적, 처방적으로 제시하는 것이 매우 어렵다는 것을 제한점으로 지적하였다. Keller의 학습 동기 설계 이론이 주는 시사점은 수업 설계 과정에서 학습 내용 목표 진술과 함께 학습 동기 목표를 진술해야 한다는 점이다. 학습 동기 목표의 부재는 지금껏 수업 설계는 성공했지만, 수업은 실패한 이유를 설명해 줄 수 있다.

5. 구성주의 기반 수업 설계 전략

구성주의는 인간이 경험으로부터 스스로 지식을 구성한다는 심리학 및 철학적 관점이다. 1970년대 등장한 구성주의 관점은 보편적 진리가 존재한다는 객관주의에 기반한 수업 설계, 즉 내용 설계 이론이 실제 세계를 충분히 반영하지 못한다는 문제 의식에 따라 대안적 이론의 필요성을 제기한다. 객관주의가 인간의 주관적 판단을 철저하게 배제하는 데 주력하였다면, 반대로 구성주의는 인간의 주관적 경험에 의한 해석 과정을 거친 지식을 참된 지식으로 인정한다. 따라서 구성주의 기반 수업 설계 이론에서는 인식의 주체로서 학습자의 주관적 판단을 위한 자기주도적 학습과 다른 학습자와의 소통을 위한 협력 학습을 촉진할 수 있는 학습 환경 설계에 주안점을 둔다.

대표적인 구성주의 교수·학습 이론으로는 장인과 도제의 면대면 접촉을 통한 전통적 도제 교육의 특징을 되살려냄과 동시에 구성주의에 맞도록 재형성한 '인지적 도제 이론', 학습의 과정인 인지 활동은 지식과 기능 등이 실제로 작동하는 상황과 분리되어 이루어지는 것이 아니라 바로 그 상황 내에서 일어난다고 보는 '상황 학습 이론', 지식을 가르칠 때는 그 지식의 구조성이 손상되지 않을 정도로 이를 나누는 데에 국한해야 하며, 무엇보다도 그 지식이 적용될 수 있는 다양한 사례를 제공해야 한다고 보는 '인지적 유연성 이론' 등이 있다. 이 책에서는 구성주의 관점에 관한 자세한 내용은 생략하고, 수업 설계에 필요한 시사점을 정리한다. <표 2-3>는 구성주의 기반 교수·학습 이론이 수업 설계에 주는 시사점을 정리한 내용이다.

구성주의에 근거한 수업 설계 방법으로써 환경 설계 모형은 현실에서 문제 해결 능력을 개발할 수 있다는 강점이 있다. 반면에 객관적 지식이 존재하고 있는 것이 엄연한 현실이고, 학습자는 정해진 내용을

•• 표 2-3 **구성주의 기반 교수학습 이론이 수업 설계에 주는 시사점**

인지적 도제 이론	상황 학습 이론	인지적 유연성 이론
• 학습자는 지식이 작동하는 구체적인 사태나 맥락 속에서 학습해야 한다. • 학습자는 교수자의 도움을 받으면서 직접 문제해결 활동을 실천해 보는 학습 경험이 필요하다. • 학습자는 학습 과정을 반성적으로 성찰하면서 학습 역량을 개발할 수 있다.	• 학습은 실제 지식이 작동하는 상황 속에서 일어나므로 학습자는 참여활동을 통해 학습해야 한다. • 학습은 사회적 참여를 통하여 이루어지는 협동적 구성의 과정이다. 그러므로 학습자는 다른 학습자와의 사회적 협동과 교류가 필요하다.	• 학습자에게 다양한 내용을 제시해 주어야 한다. • 학습 내용은 지식의 맥락성과 상황성을 담고 있어야 한다. 그러므로 학습 내용은 지식의 통합성과 구조성이 필요하다. • 수업은 사례에 근거를 두어야 한다.

학습해야 하는 상황에서 구성주의적 접근만으로 모든 교육 문제를 해결할 수는 없는 것 또한 현실이다. 그러므로 학습 목표의 성격이나 학습 과정의 맥락에 따라 내용 설계 방식과 환경 설계 방식을 필요에 따라 적용한다면, 현실의 문제를 해결하는 데 도움이 될 것이다.

6. 분석 지향 수업 설계 이론과 종합 지향 수업 설계 이론

지금까지 객관주의를 기반으로 한 내용 설계 이론과 구성주의를 기반으로 한 환경 설계 이론을 살펴보았다. 내용 설계 이론은 분석 지향으로 학습자가 학습해야 할 지식, 기술, 태도를 세분화한 학습 목표를 중심으로 객관적 지식을 습득할 수 있도록 교수자와 학습자의 상호작용을 처방하고, 이를 객관적으로 평가해 나가는 전 과정의 청사진을 제시하는 수업 설계 이론이다. 환경 설계 이론은 종합 지향으로 일상에서의 문제 해결 능력 향상을 학습 목표로 정하고, 형식적·비형식적 공간에서 학습자 중심의 협력적 학습 환경을 구축하여 이를 상호 피드백하는 처방안을 제시하는 수업 설계 이론이다.

<표 2-4>는 객관주의에 기반을 둔 분석 지향 수업 설계 이론과 구성주의에 기반을 둔 종합 지향 수업 설계 이론을 비교한 내용을 표로 종합한 내용이다.

분석 지향 수업 설계 이론과 종합 지향 수업 설계 이론은 서로 다른 인간관과 지식관, 그리고 학습관을 전제하기 때문에 어느 쪽의 수업 설계 이론이 더 바람직하다는 주장은 특정한 지식관과 학습관을 부당하게 배제할 뿐이다. 현실 세계의 문제를 해결하기 위해서는 종합적 문제 해결 능력을 개발하고, 그 문제를 해결하는 데 필요한 객관적 지식을 체계적으로 습득해야 하는 두 가지 활동이 모두 필요하다. 현장의

•• 표 2-4 분석 지향 수업 설계 이론과 종합 지향 수업 설계 이론

	분석 지향 수업 설계 이론	종합 지향 수업 설계 이론
기반 이론	객관주의(인지·행동주의)	구성주의
학습의 과정	정보처리 이론에 따라 객관적 지식을 내재화하는 과정	학습자 주도적으로 교수자 또는 주변 동료와 함께 지식을 공유하고 새로운 지식을 창조해 나가는 과정
수업 조건	수업 전 학습자의 지식과 동기 수준	수업 전 학습자의 문제 해결 능력 수준
수업 방법	수업의 조건을 바탕으로 온·오프라인의 학습 공간에서 객관적 지식을 획득할 수 있도록 교수자와 학습자의 상호작용 활동을 처방한다.	교수자, 학습자, 또는 교수자와 학습자가 결정하는 학습 과제를 중심으로 형식적·비형식 학습 공간에서 스스로 지식을 구성할 수 있도록 학습자간 협력 학습 환경을 처방한다.
수업 결과 (학습 목표)	관찰이 가능한 객관적 지식 목표를 설정하고 학습 목표 달성 수준을 평가한다.	문제 해결 학습 과정에 참여한 모든 구성원의 주관적 평가(동료 평가, 교수자 평가, 자기 평가)가 이루어진다.

교수자에게 필요한 것은 학습 패러다임 논쟁이 아닌 수업의 맥락에 필요한 다양한 학습 방법을 적용할 수 있는 유연하고, 현장성 높은 수업 설계 모형이다.

7. 통합적 수업 설계 모형의 필요성

수업 설계 이론의 지속적 발전에도 불구하고 현장에서 일관성과 신뢰성이 있는 수업 설계 모형을 가지고 있다고 답할 수 있는 교수자의 수가 많지 않은 것이 현실이다. 대부분 교수자가 수업 설계 활동을 제대로 실천하지 못하고 있다는 연구 결과도 있다. 이러한 현상은 교수자의 수업 설계 이론에 대한 이해가 부족하여 발생할 수도 있고, 수업 설계 활동의 역동성을 지금까지의 수업 설계 이론이 제대로 설명해 내

지 못했기 때문에 발생할 수도 있다. 수업 설계 이론과 실천 간의 불일치가 발생하는 이유는 수업 설계 이론의 설명 맥락과 수업 설계 모형의 활용 맥락을 교수자가 자신의 지식으로 정립하지 못하고 있기 때문이라고 할 수 있다. 이 책은 기존의 다양한 수업 설계 이론을 통합적으로 적용하여 교수자가 일관성과 신뢰성을 가지고 활용할 수 있는 현장지향 통합 수업 설계 모형을 제시하고자 한다.

앞서 소개한 Gagné, Merrill, Reigeluth, Keller의 수업 설계 이론은 각각의 가능성과 한계점을 가지고 있다. Gagné의 아홉 가지 수업사태(9 events)는 정보 처리 이론에 근거하여 인간의 학습 과정을 촉진하는 절차적 교수 활동 처방의 원형을 제시하였다. 반면에 교수자의 활동에만 초점을 두어 교수자와 학습자의 역동적 상호 과정에 대한 고려가 미흡한 것이 한계라 할 수 있다. Merrill의 내용 요소 전시 이론(CDT)은 Gagné의 학습 목표 영역 중, 지적 영역의 목표를 내용(사실, 개념, 절차, 원리)과 수행(기억, 활용, 발견)의 관계로 세분화하여 목표를 설정하고, 학습 목표 달성 전략으로 정교한 수업 설계 전략을 제시하였다. 이것은 일반적인 수준에 머물렀던 Gagné의 학습 목표 범주를 발전시킨 것이다. 반면에 내용을 너무 작은 단위까지 쪼개어 수업을 설계한다는 것은 현실적으로 불가능한 일이 될 수 있다고 비판받고 있다. Regeluth의 정교화 수업 이론은 학습 내용을 전체와 부분의 관계로 이해하여 학습의 효과성을 높였지만, 실제 수업 설계에 적용하는 구체적 방법이 제시되지 않은 점은 한계로 지적된다. Keller는 수업 설계가 내용 설계 전략만 강조하고 있다는 문제 의식으로 내용 설계 전략과 동기 설계 전략을 통합하는 관점을 제시하였다. 반면에 기존 내용 설계 전략과 동기 설계 전략이 어떻게 통합돼야 하는지에 대한 구체적 방법론을 제시하지 못하고 있다. 이러한 인지·행동주의에 기반을 둔 수업 설계 이론은 사전에 명료한 학습 목표의 설정을 전제로 하고 있다는 점에서 학습자의 능동적 지식 구성을 강조하는 구성주의 기반 학습 전략에 의해 비판받고 있다. 그러나 구성주의에 기반한 수업 설계 이론 역시 학습자 스스로 지식을 구성할 수 있는 환경 설계에만 집중함으로써 현실 세계에서 엄연히 존재하고 있는 객관적 지식의 습득에 관한 필요성을 도외시하고 있다고 볼 수 있다.

이 책에서는 기존 수업 설계 이론의 한계점을 극복하고 가능성을 살려 수업 활동을 실제로 도울 수 있는 현장 지향 수업 설계 모형으로써 AMOS(Attention, Motivation, Objective, Satisfaction의 앞 글자를 나타냄) 모형을 제시한다.

CHAPTER 03 학습 목표 달성 전략

1. 학습 목표(learning objective)의 정의

목표란 달성하려고 정한 상태를 말한다. 따지고 보면 세상의 모든 일은 이루고자 하는 목표를 정하고, 그 목표를 달성하는 과정이라 할 수 있다. 즉, 일의 본질은 올바른 목표를 세우고, 목표 달성하는 과정이다. 혹자는 '목표란 단어의 느낌이 너무 딱딱하여 괜한 거부감을 준다.'라고 말한다. 그렇다고 해도 목표를 정하고 달성하는 일의 본질은 변하지 않는다. 여기서 삶의 본질을 논하는 것은 무리지만, 자기 삶에서 가치 있는 목표를 정하고 그 목표를 달성하기 위한 과정이 곧 인생이라고 해도 무방할 것이다. 성공이란 거창한 의미로 쓰이지만, 본질은 정한 목표를 달성하는 것이다. 일에서 목표를 달성하면 성공적 결과(성과)이고, 삶에서 자신이 목표를 달성하면 성공이다.

일의 본질이 올바른 목표를 세우고 달성하는 것이라면, 일의 하위 요소인 교육의 본질은 의당 올바른 교육 목표를 세우고, 교육 목표를 달성하는 과정이 된다. 교육의 역사는 올바른 목표, 즉 무엇을 가르쳐야 하는지에 대한 교육학자의 투쟁 과정이라고 할 수 있을 것이다. 무엇을 가르칠 것인가에 관한 이야기는 교육 철학의 문제이기 때문에 여기서 다루지 않는다.

한편으로 '교육의 결과는 어떤 상태이어야 하는 것인가?'에 대한 연구가 지속되었다. 대표적으로는 교육의 결과를 지식, 기능, 태도로 구분하여 교육 목표를 구분하였다. 미국의 교육학자로 교육 과정과 교육 평가를 연구한 Benjamin S. Bloom(1956)은 교육 목표 분류 체계(taxonomy)와 완전 학습 이론을 주장하였으며, 교육의 결과를 지식(knowledge), 이해(comprehension), 적용(application). 분석(analysis), 종합(synthesis), 평가(evaluation)의 위계로 정리하였다. 즉, 지식을 기억하는 단계, 지식을 설명할 수 있는 단계, 지식을 활용할 수 있는 단계, 지식을 분석하는 단계, 지식 전체를 제시하는 단계, 지식의 의미를 평가하는 단계로 구분하였다. Blooom은 정의적 측면과 운동 기능적 측면에서도 교육 목표 분류학을 완성했다. Bloom의 교육 목표 분류학은 최근 후배 학자들에 의해 수정되어 디지털 교육 목표 분류학으로 진화되어 기억하기, 이해하기, 응용하기, 분석하기, 평가하기, 창조하기로 제시된다.

•• 표 3-1 블룸의 교육 목표 분류학

인지적 교육 목표 분류	정의적 교육 목표 분류	운동기능적 교육 목표 분류	디지털 교육 목표 분류
지식	수용	지각	기억하기
이해	반응	태세	이해하기
종합	가치화	인도된 반응	응용하기
분석	조직화	기계화	분석하기
종합	인격화	복합적 외현 반응	평가하기
평가			창조하기

Bloom의 교육 목표 분류학은 현장의 교육 활동을 구체적으로 이끄는 데 큰 영향을 미쳤다. 그러나 교육 목표 분류학의 6단계는 다소

복잡한 느낌을 주어 활용에 한계를 보인 면도 있다. Merrill은 6단계를 3단계로 줄여 기억, 활용, 발견으로 단순화하였고, 교육 목표의 활용성을 높였다. 사실 전통적 교육은 지식을 기억하고 이해하는 수준의 목표를 달성하기 위한 체계였다고 할 수 있다. 최근에 강조되는 역량 중심 교육은 지식을 활용하는 수준의 목표 달성을 지향하는 교육이다.

한편, Gagné는 교육의 수준을 Lesson(단위 수업), Lesson이 모인 Course(교육 과정), Course가 모인 Curriculum(교육 체계)로 구분하였고, 교육의 수준에 따라 학습 목표가 존재한다는 것을 강조했다. 이 책에서 제시하는 AMOS 모형은 단위 수업의 학습 목표 달성을 위한 전략이다. 다만 단위 수업의 학습 목표가 모여 교육 과정의 학습 목표가 되고, 교육 과정의 학습 목표가 모여 교육 체계의 학습 목표가 되기 때문에 단위 수업의 목표 달성 원리는 교육 과정 수준의 목표 달성과 교육 체계 수준의 목표 달성 원리가 될 수 있다.

결론적으로 단위 수업의 결과, 즉 수업 목표는 수업의 방향을 이끄는 기준이라고 할 수 있다. 만일 수업 목표가 없다면, 수업은 방향 없이 흘러가게 되고, 평가할 수 없는 활동이 될 것이다. 그러므로 수업의 성공은 올바른 수업 목표를 정하고, 올바르게 진술하는 것에서 출발해야 한다.

2. 학습 목표의 진술

현대 경영학의 아버지로 일컬어진 피터 드러커는 '리더십의 본질은 목표, 책임, 신뢰이다.'라고 했다. 첫째, 리더는 올바른 목표를 제시해야 한다. 목표가 없거나, 올바른 목표라도 구체적으로 제시하지 않는 사람은 리더라고 할 수 없다. 둘째, 리더는 자신이 제시한 목표 달성에 대한 책임감을 보여 주어야 한다. 즉, 목표 달성의 책임이 자신에게 있다는 사실을 분명히 하고, 목표 달성을 위한 구체적 방법과 노력이 있어야 한다. 책임을 전가하는 곳에서 리더십은 발휘될 수 없다. 셋째, 리더는 믿고 따라가도 좋겠다는 신뢰감을 주어야 한다. 사람들은 앞과 뒤가 다르고, 말과 행동이 다른 사람을 따라가지 않는다. 이상 세 가지는 리더십의 본질적 요소이다.

리더십의 본질은 수업의 맥락에서도 그대로 적용된다. 수업의 장면에서 교수자를 학습자의 리더라고 표현하는 것에 거부감이 있을 수 있지만, 리더십을 발휘하여 학습자를 잘 이끌어야 하는 역할자임에는 틀림이 없다. 교수자로서 리더십을 발휘하기 위해서 첫째, 올바른 학습 목표를 설정해야 한다. 목표가 없는 리더십은 속없는 만두가 된다. 두 번째는 목표 달성에 대한 책임이다. 교수자는 학습 목표를 달성하는 수업을 진행하기 위해 철저하게 수업을 설계하고 준비함으로써, 책임 있는 모습을 보여 주어야 한다. 셋째는 신뢰이다. 올바른 목표와 책임감이 있다 하더라도 여러 이유로 학습자에게 신뢰를 얻지 못하면 수업 장면에서 충분한 리더십을 발휘하기 어렵다.

수업의 본질은 올바른 학습 목표를 설정하고, 그 목표를 올바르게 달성하는 것이다. 그러므로 수업의 목표, 즉 학습 목표가 없다면 수업은 출발할 수 없다. 그렇다고 학습 목표만 있다고 해서 될 일은 아니다. 학습 목표는 교육 체계가 지향하는 역량 목표를 달성하기 위한 수업 수준의 목표로 연계되어 있어야 한다. 그렇게 수업 목표와 역량 간의 연계성이 설명될 수 있을 때 올바른 학습 목표라고 판단할 수 있다.

다음으로 학습 목표를 올바르게 진술해야 한다. 학습 목표의 성격과 진술 방법에 관한 이론과 방법론이 많이 있지만, 가장 지배적인 방법론은 Mager의 학습 목표 진술 원칙으로 수업을 마치는 시점에서 학습 목표가 달성되었는지를 평가할 수 있는 형태로 진술하는 것이다. 학습 목표는 흔히 ABCD로 불리는 네 가지 요소, 즉 학습 대상(audience), 결과적 행동(behavior), 목표 달성 상황 및 조건(condition), 목표 달성 평가 기준 및 정도(degree)를 포함해야 한다. 그렇게 하지 않으면 수업의 목표 달성 여부, 즉 학습자의 변화가 어느 정도 일어났는지를 확인할 수 없다. 구체적 목표 없이 필요한 내용을 가르치고, 좋은 결과로 이어질 것이라는 막연한 기대로 교육하는 시대는 끝났다.

결론적으로 학습 목표는 학습자의 도착점 행동, 즉 수업을 마치는 시점에 학습자의 변화되어야 할 행동으로 정의할 수 있다. 학습 목표 진술 원칙은 관찰이 가능한 행동 동사로 진술해야 한다. 필요에 따라서는 행동을 위한 조건과 성취 기준을 포함할 수 있다. 아래 두 가지 문장 중 어느 문장이 학습 목표 진술 원칙에 부합하는 학습 목표 인지를 구분해 보자.

(1) 학습자는 업무 시간 관리 양식의 사용 방법을 안다.
(2) 학습자는 업무의 일일, 주간, 월간 시간 관리 양식을 완성할 수 있다.

(1)번의 학습 목표로 수업을 진행한 교수자는 시간 관리 양식의 사용 방법을 설명한 다음에 "여러분, 다 아셨죠?"라고 말하고, 학습자들은 "네."라고 답하며 끝나는 장면을 연상할 수 있다. 반면에 (2)번의 학습 목표로 수업을 진행한 교수자는 수업을 마치기 전에 시간 관리 양식을 완성하는 학습 활동을 이끌고, 학습 목표 달성 여부를 확인할 것이다. 그러므로 학습 목표의 달성 여부를 평가하기 위해서는 관찰이

가능한 행동 동사를 사용해야 한다. <표 3-2>는 학습 목표로 적절한 단어의 예시를 보여 준다. 다만 모든 단어를 망라하고 있지 않기 때문에 관찰이 가능한 동사와 관찰이 불가능한 동사의 기준으로 판단하여 적절히 사용하면 된다.

•• 표 3-2 **학습 목표로 적절한 단어 예시**

적절한 단어(관찰 가능)	부적절한 단어(관찰 불가능)
계산한다/기술한다/목록을 만든다/묘사한다/분류한다/선정한다/설명한다/시범 보인다/완성한다/외워 말한다/작동한다/정의한다/조립한다	가치를 둔다/감상한다/깨닫는다/고려한다/기억한다/믿는다/수용한다/안다/이해한다/인식한다/친숙하게 한다/파악한다/확인한다

학습 목표 진술 예시에서 보았듯이 학습 목표는 학습 내용과 학습 방법, 학습 평가 등, 학습의 전체 요소에 영향을 미치기 때문에 올바른 학습 목표를 진술하는 것은 아무리 강조해도 지나치지 않다. 다음은 올바른 학습 목표 진술 방법의 연습 문항이다. 연습 문항에서 예시로 표현된 학습 목표가 올바르게 진술되었는지 확인하고, 잘못되었다면 수정해보기 바란다.

<예시 1> 항공기 내 안전 행동 수칙을 기술 할 수 있다.
<예시 2> PC를 포맷하는 방법을 알 수 있다.
<에시 3> 자동차 워셔액을 교환하는 방법을 안다.
<예시 4> 자유형으로 수영하는 방법을 안다.

<예시 1>은 항공기 회사 승무원 교육 과정의 목표이며, 올바르게 진술되었다. 수업 활동 후에 기내 안전 수칙을 기술하도록 하는 학습 평가 활동을 전개하면 학습 목표 달성 여부를 확인할 수 있다. <예시 2>는 잘못 진술된 학습 목표이며, 'PC를 포맷할 수 있다.'로 바꾸

면 된다. 그러면 모든 학습자가 실제 PC를 포맷하는 실습 활동을 하게 되고, 그 과정을 통해 학습 목표 달성 여부를 확인할 수 있다. <예시 3> 역시 잘못 진술된 학습 목표이며, '자동차 워셔액을 교환할 수 있다.'로 바꾸어야 한다. 만일 실습이 가능하지 않은 상황이라면, 부득이 학습 목표를 '자동차 워셔액을 교환하는 방법을 설명할 수 있다.'로 변경해야 한다. 많은 경우 교육 시간과 환경의 문제로 학습 목표가 '설명할 수 있다.'로 끝나고 있는 것이 현실이다. <예시 4> 또한 잘못 진술된 학습 목표이다. 이것은 '자유형으로 수영할 수 있다.'로 바꾸면 되지만, 충분하지 않다. 이때는 조건과 기준을 포함하여 '이 수업이 끝날 때 학습자는 자유형으로 25m를 20초 안에 수영할 수 있다.'로 진술해야 한다.

학습 목표를 진술할 때는 하나의 학습 목표에 하나의 행동 동사를 사용해야 하며, 두 개 이상의 행동을 포함하지 않도록 주의해야 한다. 왜냐하면 두 개 이상의 학습 목표는 목표 달성 방법에 혼란을 줄 수 있기 때문이다. 또한, Merrill이 제시한 대로 학습 목표는 학습 내용과 연계하여 학습 후에 나타나는 행동으로 진술해야 한다. <표 3-3>은

•• 표 3-3 올바른 학습 목표 진술을 위한 체크리스트

- □ 수업 시간 내에 학습할 내용과 학습 후에 나타나는 행동으로 진술하였는가?
- □ 학습자가 무엇을 할 수 있는가를 나타낼 수 있도록 관찰이 가능한 동사로 진술하였는가?
- □ 기대되는 성취 행동, 성취 조건, 성취 기준의 3 요소가 포함되도록 진술하였는가?
- □ 하나의 수업 목표에 하나의 성취 행동을 포함하여 진술하였는가?
- □ 정의적 영역의 수업 목표를 밖으로 드러나는 행동으로 진술하였는가?

올바른 학습 목표 진술을 위한 체크리스트이다.

수업의 본질은 올바른 수업 목표를 설정하고, 수업 목표를 올바르게 달성하는 것이다. 즉, 수업은 타당성이 검증된 상위 목표에 연계된 학습 목표를 설정해야 하고, 그 목표를 보다 효과적, 효율적, 매력적으로 달성하기 위한 일련의 활동이어야 한다. 다음 장에서 제시한 AMOS 모형은 올바른 수업 목표를 효과적, 효율적, 그리고 매력적으로 달성하기 위한 통합적 수업 설계 모형이다.

3. 정의적 학습 목표의 진술

현장의 교수자를 대상으로 하는 교육에서 '학습 평가로 전환할 수 있는, 즉 관찰이 가능한 행동 동사를 사용하여 학습 목표를 진술한다.'라는 학습 목표 진술 원칙을 설명하면, 평소 명확하게 알지 못했던 유용한 지식을 얻게 됐다는 반응을 보인다. 다만 '태도와 같은 정의적 학습 목표의 진술 방법은 인지적 학습 목표의 진술 방법과 다르지 않은가?'라는 질문이 나온다. 다시 말해 구체적인 지식이나 스킬을 습득하는 교육에서는 관찰이 가능한 행동 동사를 사용하여 학습 목표를 진술하는 것에 공감하지만, 태도 변화를 위한 수업의 학습 목표에 대해서는 의문을 표시한다.

많은 경우 교수자는 가치관의 변화와 같은 정의적 목표는 추상적으로 진술해 왔다. 하지만 추상적 학습 목표는 수업을 이끌어 가는 목표로 기능하지 못하며, 수업 목표 달성을 평가하는 기준이 될 수 없다. 실제로 교수자들은 다소 추상적인 학습 목표를 세우고, 자의적인 방법으로 수업을 전개하는 경우가 많다. 추상적 목표는 방향성을 나타내지만, 그러한 목표가 달성되었다는 것을 알 수 있는 인간의 행동은 무엇인가를 고민하여 수업 목표로 전환해야 한다. 예컨대 특정 가치관이 있는 사람이 하는 적절한 행동을 찾아내는 방식으로 진술하면, 정의적 학습 목표 역시 관찰이 가능한 학습 목표가 될 수 있다.

가치관의 정의는 '개인이 특정 상황에서 어떤 선택이나 결정을 내려야 할 때 특정한 방향으로 행동하게 하는 원칙, 믿음, 신념을 의미한다.'이다. 이 정의에 따르면 가치관은 추상적인 개념이지만, 실제적으로는 선택하는 행동으로 나타나기 때문에 관찰이 가능한 목표 진술이 가능하다. 즉, 가치관 교육을 통해 궁극적으로 변해야 할 행동 목표는 '~한 상황에서 ~한 행동을 선택한다.'이고, 수업 시간에 달성해야 할 학습 목표는 '~한 상황에서 ~한 행동을 선택할 수 있다.' 또는 '상황에 따른 자신의 선택을 말할 수 있다.'로 표현할 수 있다.

예를 들어 어느 조직의 핵심 가치는 도전 정신이고, 하위 행동 지표 중 하나가 '가능한 최고 수준의 업무 목표를 세운다.'라고 가정하자. 이 경우 수업에서 행동 변화를 이끌기 위한 학습 목표는 두 가지로 설정할 수 있다. '첫째, 업무에서 최고의 목표를 세우는 것의 중요성을 설명할 수 있다. 둘째, 업무 목표를 올바르게 진술할 수 있다.'이다. 수업을 통해 첫 번째 학습 목표 달성에 성공하면 가능한 높은 수준의 목표를 세우는 행동을 할 것이고, 두 번째 학습 목표 달성에 성공하면 그 행동을 제대로 하게 될 것이다. 수업에서 학습 목표가 달성되었는가를 관찰하는 학습 평가 단계에서는 제시된 상황에서 어떤 행동을 선택할 것인지를 질문하면 된다.

4. 학습 목표 달성 전략

교수자와 수업 설계자는 수업의 학습 목표를 진술한 후에 학습 목표를 달성하기 위해 책임 있는 노력을 해야 한다. 수업 목표를 달성하기 위한 전략은 다양하지만, Merrill의 내용 요소 전시 이론의 1차 제시형은 수업의 학습 목표 달성 전략이 될 수 있다. Merrill은 내용(사실, 개념, 절차, 원리)을 바탕으로 행동(기억, 활용, 발견)하는 학습 목표를 진술하고, 학습 목표 달성 전략으로 내용의 일반성을 설명하는 법칙(rule), 내용의 구체적 예를 보여 주는 예시(example), 내용 적용의 기회를 주는 연습(exercise), 자신의 지식이 된 내용을 표현하는 회상(recall)을 포함하는 1차 제시형을 주장하였다. 이 내용은 추상적 느낌을 주는 내용 설명, 간접적 느낌을 주는 예시, 직접 느끼게 하는 적용, 내용을 내면화하는 표현으로 바꿀 수 있다. 더 간략하게 줄이면 말하기(expression), 보여주기(example), 해보기(exercise), 표현하기(expression)로 4-Ex 전략이 된다. 학습 목표를 달성하기 위한 전략으로 말하기와 보여주기는 교수 활동(teaching)이고, 해보기와 표현하기는 학습자의 활동으로 교수자의 입장으로 보면 코칭(coaching) 활동이 된다. [그림 3-1]은 Merrill의 1차 제시형을 바탕으로 하는 4-Ex 전략 즉 학습 목표 달성 전략이다.

세상에는 수없이 많은 교수 방법이 있다. 하지만 범주를 크게 나누면 예외 없이 네 가지 범주에 포함된다. 설명을 중심으로 하는 교수법은 말하기에, 예시, 시범, 시연, 견본 등은 보여주기에 해당한다. 연습, 실습, 시뮬레이션, 게임 등은 해보기에, 회상하기, 자기 말로 표현하기, 소감 말하기, 가르치기 등은 표현하기에 포함된다. PBL (Problem Based Learning)과 같은 복합적인 교수 방법을 포함하고 있는 교수 방

•• 그림 3-1 **학습 목표 달성 전략(4-Ex 전략)**

	티칭 (teaching)	코칭 (coaching))	
사실 개념 절차 원리	설명 explain (추상적 느낌)	표현 expression (내면화)	회상 발표 성찰 가르치기
예시 사례 견본 시범	예시 example (간접적 느낌)	적용 exercise (직접적 느낌)	연습 실습 게임 시뮬레이션

feedback

법도 있지만, 그 안에 있는 교수법 요소로 보면 4가지로 구분할 수 있다. 그러므로 4가지 요소를 선택하고 배분하는 것이 학습 목표 달성 전략, 즉 교수 전략이 된다. 또한, 교수법 요소를 어떻게 배분하느냐에 따라 수업의 역동성을 만들 수 있다. 일반적으로는 말하기, 보여주기, 해보기, 표현하기 순으로 진행할 수 있지만, 먼저 해보기를 진행한 다음 보여주기, 말하기, 표현하기 순으로 전개할 수 있다. 예를 들어 수업의 주제가 직장 인사 예절이라면 인사법을 종류를 말하고, 인사법 시범을 보여주고, 학습자에게 종류별로 인사를 해보게 하고, 인사법의 종류와 방법을 말하게 할 수 있다. 또한 먼저 인사를 해 보게 한 후, 인사를 하는 방법을 시범 보이고, 직장인 인사 예절의 종류를 설명한 후, 학습자 스스로 배운 내용을 설명하는 교수·학습 전략이 가능하다.

•• 그림 3-2 **교수·학습 전략 예시**

예시 1	말하기	→	보여주기	→	해보기	→	표현하기		
예시 2	보여주기	→	말하기	→	해보기	→	표현하기		
예시 3	해보기	→	말하기	→	보여주기	→	해보기	→	표현하기

이외도 말하기, 보여주기, 해보기, 표현하기의 4가지 교수·학습 요소를 어떤 순서로 전개하는 것이 더 효과적이고 역동적인 수업을 위한 전략이 될 것인지를 결정할 수 있다. [그림 3-2]는 학습 목표를 달성하기 위한 교수·학습 전략 예시이다.

CHAPTER 04 AMOS Model(아모스 모형)

1. AMOS 모형에 포함된 수업 설계 이론

AMOS 모형은 기존 수업 설계 이론의 가능성을 살리고, 한계를 극복하는 방식으로 통합하였다. 다만 객관적 지식을 기반으로 내용을 설계하는 수업 설계 이론과 주관적 지식 형성을 위한 구성주의에 기반한 환경 설계 이론은 교육 철학의 차이이며 통합이 가능하지 않다고 할 수 있지만, 수업의 맥락에 따라 교수자가 적절한 선택을 할 수 있는 현실적 방식으로 통합하였다.

AMOS 모형은 실제 세계의 목표 행동을 교육의 목표로 하고, Keller의 학습 동기 흐름(ARCS)을 축으로 하였다. 다만 Keller의 ARCS 모형이 학습 동기 전략이라면, AMOS 모형은 단계별 성공을 목표로 한다. AMOS 모형의 각 단계별 수업 활동은 Gagné의 아홉 가지 교수 사태를 연계하였다. 그중에 구체성이 미흡한 학습 목표 달성 단계는 Merrill의 1차 제시형(법칙－예시－연습－회상)을 적용하였다. Merrill의 1차 제시형은 학습 목표에 따라 협동 학습과 반성적 성찰을 포함하는 구성주의적 접근의 틀로 활용할 수 있다. 또한, Reigeluth의 종합자 전략과 요약자 전략은 학습 동기 부여 단계와 만족감 제공 단계에 적용된다. 결과적으로 AMOS 모형은 실제 세계의 요구인 수행 목표에 연계된 수업 목표를 달성하는 체계이다. <표 4－1>는 AMOS 모형에 포함된 기존 수업 설계 이론의 요소를 종합한 표이다.

•• 표 4-1 AMOS 모형에 포함된 수업 설계 이론

	Gagné 9 events	Merrill 1차 제시형	Regeluth 정교화 이론	Keller ARCS 이론	구성주의 교수·학습 이론
A 주의 집중	1. 주의 3. 재생			• 주의 집중 전략(attention)	
M 학습 동기 부여	2. 기대		• 종합자 전략	• 관련성 전략 (relevance)	• 현실 세계의 수행 문제에서 출발
O 학습 목표 달성		• 법칙(rule) • 예시 (example) • 연습 (exercise) • 회상 (recall)		• 자신감 전략 (confidence)	• 협동 학습 • 반성적 성찰
S 만족감 제공	8. 자극에 대한 재생 9. 일반화		• 요약자 전략	• 만족감 전략 (satisfaction)	

2. AMOS 모형 요소

AMOS 모형은 주의 집중(Attention), 학습 동기 부여(Motivation), 학습 목표 달성(Objective), 만족감 제공(Satisfaction)의 네 단계로 구성된다.

첫째, 주의 집중(Attention) 단계는 학습자들이 수업과 주제에 호기심을 갖게 하는 것을 목표로 하는 단계이다. 이 단계의 활동은 '도입', '주의 집중을 통한 주제 소개', '주제 관련 지식 및 경험 검토'의 단계로 진행한다. 도입은 간단한 인사말과 교수자 소개 등으로 교수자가 친근하고 전문적인 사람이라는 느낌을 주면 좋다. 주의 집중을 통한 주제 소개는 학습자의 눈이 커지고 귀가 쫑긋해질 수 있는 자극을 통해 주제를 소개한다. 주의 집중은 Keller의 ARCS 모형에서 주의 동기 전략(Attention)을 활용할 수 있다. 주제 관련 선수 지식 및 경험 검토는 주제에 관하여 학습자가 이미 가지고 있는 지식이나 경험의 유무를 질문한다. 만일 주제에 관한 지식과 경험이 있다면 추가 질문을 통해 그 내용과 학습자의 인식을 확인한다. 학습자의 선수 지식 및 경험의 내용은 수업 시간에 활용할 수 있는 자원이 될 수 있다.

둘째, 학습 동기 부여(Motivation) 단계는 학습자가 수업의 내용과 학습 활동에 대한 기대감으로 학습 활동에 적극적 참여 의지를 갖는 것을 목표로 하는 단계이다. 이 단계의 수업 활동은 '학습 내용 안내', '학습 목표 제시', '학습 목표 달성의 중요성 강조'이다. 학습 내용 안내는 수업에서 다룰 내용 개요를 소개하는 것이며, 학습 목표 제시는 수업을 통해 학습자가 달성해야 하는 상태를 목표로 제시한다. 여기에서는 수업 전체를 이해할 수 있게 해야 한다. 학습 목표 달성의 중요성 강조는 이번 수업을 통해 얻을 수 있는 결과의 의미와 그 이유를 강조한다. 이때 학습자의 마음에 열심히 수업에 참여하고 싶다는 학습 동기가 일어나야 하므로, 학습자의 마음을 움직이기 위한 창의적 내용과 전략이 필요하다. 이 단계는 Keller의 ARCS 모형에서 관련성 동기 전략(Relevance)을 활용할 수 있다.

셋째, 학습 목표 달성(Objective) 단계는 수업 설계 과정에서 정해진 학습 목표 달성을 목표로 하는 단계이다. 이 단계는 학습 내용의 '말하기(설명)', '보여주기(예시)', '해보기(적용)', '표현하기(표현)'의 수업 활동을 전개한다. 교수자는 학습 목표 달성을 위하여 수업에서 다루어야 할 내용(사실, 개념, 절차, 원리)을 설명하고, 설명만으로 부족한 내용은 예시, 사례, 샘플, 시범을 보여준다. 다음으로 학습자는 연습, 실습 등의 직접 해보기 활동을 통해 학습한 내용을 적용한다. 끝으로 학습자는 듣고, 보고. 해본 학습 활동을 바탕으로 내면화한 지식을 자신의 방식으로 표현한다. 표현하기는 학습 목표 달성 정도를 평가하는 기능을 한다. 학습 목표 달성 단계는 Keller의 ARCS 모형에서 자신감 동기 전략(Confidence)을 활용할 수 있다.

넷째, 만족감 제공(Satisfaction) 단계는 학습자가 이번 수업에 만족하게 하는 것을 목표로 한다. 이 단계의 수업 활동은 '학습 목표 달성 확인', '학습 내용 요약', '질의 응답', '의미 부여', '마무리'이다. 학습 목표 달성 확인은 종합적 학습 평가 활동이다. 학습 내용 요약은 학습 평가 내용을 바탕으로 한다. 질의 응답 활동은 학습자의 질문과 의견을 받고 피드백하는 시간이다. 만일 질문을 하지 않는 분위기라면 Q&A 시간 확보 등의 활성화 방법을 사전에 고민해야 한다. 의미 부여는 이번 수업의 학습 활동과 학습 목표 달성의 의미를 제시하여 수업 참여를 잘했다고 생각하게 하고, 학습한 내용을 활용할 수 있는 방법을 소개한다. 마지막 활동으로 수업에 대한 좋은 느낌과 교수자에 대해 깊은 인상을 줄 수 있는 말로 마무리한다. 이 단계는 Keller의 ARCS 모형에서 만족감 동기 전략(Satisfaction)을 활용할 수 있다.

이상의 네 단계는 단계별로 평가의 기준이 되는 목표를 가지고 있다. 세부적인 수업 활동은 단계별 목표를 달성하기 위한 수단이다. 주의 집중 단계의 수업 활동을 빠짐없이 전개했다 하더라도 학습자의 주의를 집중시키는 데 성공하지 못했다면, 주의 집중을 위한 수업 활동의

•• 표 4-2 AMOS 모형의 요소

절차	수업 활동	목표 및 평가 기준
A (Attention) 주의 집중	• 도입 • 주의 집중을 통한 주제 소개 • 주제 지식 및 경험 검토	• 학습자는 수업과 주제에 호기심을 가졌는가?
M (Motivation) 동기 부여	• 학습 내용 안내 • 학습 목표 제시 • 중요성 강조	• 학습자는 수업 주제와 학습 활동에 동기를 가졌는가?
O (Objective) 학습 목표 달성	• 학습 목표 달성 전략(설명–예시–적용 –표현)	• 학습자는 학습 목표를 달성했는가?
S (Satisfaction) 만족감	• 학습 목표 달성 확인 • 학습 내용 요약 • 질의 응답(Q&A) • 의미 부여 • 마무리	• 학습자는 수업에 만족했는가?

내용과 방법을 바꾸어야 한다. 필요에 따라서는 정해진 수업 활동을 생략하거나 새로운 수업 활동을 포함할 수 있다. 다만 AMOS 모형이 포함하고 있는 수업 활동은 Gagné의 아홉 가지 수업 사태(9 events) 즉, 인간의 학습 과정 이론에 근거한 요소인 만큼 생략할 때는 충분한 고민이 필요하다.

AMOS 모형을 가장 단순하게 사용하는 방법은 단계별 목표 및 평가 기준에 답하는 수업을 설계하는 것이다. 즉, 효과적 수업 설계에 대한 전문 지식이 없는 교수자나 굳이 구체적 수업 설계가 필요하지 않은 교수자는 자신의 수업이 '주의 집중에 성공할 것인가?', '학습 동기 부여에 성공할 것인가?', '학습 목표 달성에 성공할 것인가?', '수업에 관한 만족감 제공에 성공할 것인가?'라는 질문에 답하는 방식으로 수업을 설계할 수 있다.

3. AMOS 모형을 활용한 수업 설계 절차

AMOS 모형을 활용하여 교육 모듈 또는 수업을 설계할 때의 전체적인 절차는 수업 주제를 중심으로 [그림4－1]과 같이 ① 수행 목표 설정 ② 학습 내용 도출 ③ 학습 목표 진술 ④ 교수 전략 수립 ⑤ AMOS map 그리기 ⑥ AMOS 수업 설계의 6단계로 구분할 수 있다. 여기에서는 각 단계의 이해를 돕기 위해 AMOS 모형을 활용하여 2시간 특강으로 개발한 '목표학 개론' 사례를 제시한다.

•• 그림 4-1 **AMOS 모형을 활용한 수업 설계 6단계 절차**

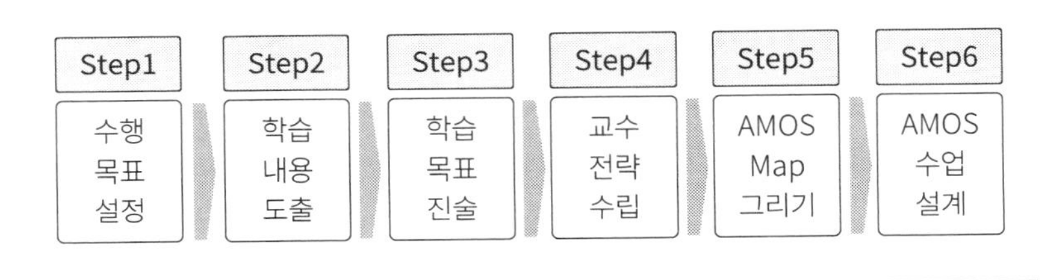

AMOS 모형을 활용한 수업 설계 절차의 첫 번째 단계는 교육의 궁극적인 목표인 실제 세계에서 요구되는 행동 또는 결과 목표, 즉 수행 목표(performance objective)를 설정하는 것이다. 수행 목표는 교육을 마친 학습자가 일터와 삶의 현장에서 해야 할 행동을 의미한다. 수행 목표는 하나 일 수 있고, 여러 개일 수도 있다. 최근 강조되고 있는 역량 교육에서 하위 목표로 제시하는 수행 준거 또는 행동 지표는 수행 목표가 될 수 있다. '목표학 개론 특강'의 수행 목표는 <표 4－3>과 같이 목표 중심적인 삶을 살아가는 모습으로 세 가지이며, 평가가 가능한 목표이다.

•• 표 4-3 **목표학 개론 특강의 수행 목표 설정 예시**

수행 목표	• 인생의 범주별로 장·단기 목표를 갖고 있다. • 목표에 집중하는 삶을 산다. • 목표 달성을 통해 주변에 긍정적 영향을 미친다.

두 번째 단계는 수행 목표 달성을 위해 반드시 알고 있어야 할 내용이 무엇인지를 파악하는 것이다. 내용은 주제 전문가에게 최종적으로 검토받아 그 타당성을 확보해야 한다. 다만 학습 내용의 범주를 너무 작게 나누면 내용의 양이 많아져 적용에 어려움이 있을 수 있기 때문에 현실적으로 적절한 수준에서 범주화하는 것이 필요하다. Merrill은 내용을 사실, 개념, 절차, 원리로 구분하였지만, 실제의 내용은 하나로 구분되지 않고 복합적일 수 있다. 목표학 개론 특강을 통해 학습할 내용은 <표 4-4>와 같이 5개로 관련 자료를 탐구하여 도출하였다.

•• 표 4-4 **목표학 개론 특강의 학습 내용 도출 예시**

학습 내용 도출	• 목표의 개념 • 삶에서 목표의 의미 • 목표가 있는 삶의 효과성 • 목표 설정 방법 • 목표에 집중하는 방법

세 번째 단계에서는 도출된 학습 내용을 기반으로 학습 목표를 진술한다. 학습 목표는 수업 시간 안에 달성해야 할 목표이며, 관찰이 가능한 행동 동사를 활용하여 진술해야 한다. 이 단계에서는 학습 내용 기반의 학습 목표 설정과 함께 학습 과정에서 학습자의 심리적 상태를 의미하는 동기 목표를 설정할 수 있다. 학습 목표를 진술할 때 내용 목표와 동기 목표를 함께 기술하면 수업 설계에 영향을 미치게 되고, 결과적으로 효과적이고 매력적인 교육의 가능성을 높일 수 있다. 학습 목

•• 표 4-5 **목표학 개론 특강의 학습 목표 진술 예시**

학습 목표 진술	• 목표와 목표가 아닌 것을 구별할 수 있다. (진지함) • 삶에서 목표의 의미를 설명할 수 있다. (진지함) • 목표가 있는 삶의 효과성 사례를 한 가지 이상 들 수 있다. (놀라움) • 인생의 범주별, 시간별 목표를 올바르게 진술할 수 있다. (자신감) • 자신에게 맞는 목표에 집중하는 방법을 선택할 수 있다. (기대감)

표에 동기 목표를 적용하기 위해서는 추가 연구가 필요하지만, 학습 목표 옆에 필요한 학습자의 동기 상태를 기술해 주면 동기 목표를 고려하여 수업을 설계할 수 있다. 목표학 개론 특강의 학습 목표는 <표 4-5>와 같이 5개의 학습 내용을 학습했다는 것을 알 수 있는 행동 방식으로 기술하였다. 또한, 학습 목표 옆의 괄호 안에 행동하는 학습자에게 요구되는 태도를 기술하였다.

네 번째 단계는 학습 목표 단위로 말하기(explain), 보여주기(example), 해보기(exercise), 표현하기(expression)에 필요한 내용과 방법을 고민하여 개요를 작성한다. 즉, 학습이 필요한 내용(사실, 개념, 절차, 원리)을 도출하고, 내용 이해를 돕기 위해 보여 줄 수 있는 방법(예시, 사례, 시범, 샘플 등), 학습 내용을 적용할 수 있도록 학습자에게 제공해야 할 경험(연습, 실습, 사례연구, 롤플레이, 시뮬레이션, 게임 등), 학습한 내용을 자신의 지식으로 표현할 수 있는 경험(회상, 느낌 공유, 성찰 등)을 결정한다. 특히 경험한 학습 내용을 표현하는 단계에는 구성주의 요소로 스스로 구성한 지식과 느낌을 바탕으로 하는 성찰 활동을 포함하였다. 학습 목표 달성 전략의 네 가지 요소는 모두 활용할 수 있지만, 학습 목표에 따라서는 필요한 1~3가지 요소만 활용할 수 있다. 학습 목표 달성 전략은 말하기-보여주기-해보기-표현하기의 순서로 진행하는 것이 일반적이지만, 필요에 따라 순서를 바꾸는 것은 역동성과 효과성을 높일 수 있다. <표 4-6>은 '목표학 개론 특강'의 5개 학습 목표별 교수·학습 전략, 즉 4-Ex 전략을 적용한 예시이다. 그중 한 가지인 '목표와 목표가 아닌 것을 구별할 수 있다.'라는 첫 번째 학습 목표를 달성하기 위한 전략으로 교수자는 목표의 정의를 말하고, 보여주기 활동은 생략한다. 학습자는 목표에 관한 개념을 바탕으로 목표와 목표가 아닌 것을 구별하는 활동을 하고, 현재 목표에 대한 인식을 표현하는 활동을 한다. 여기에서는 제목 수준의 내용을 기술하였지만, 실제로는 더 상세한 내용을 기술하는 것이 수업 설계 단계의 효율을 높일 수 있다. 다만 우선 빠르게 수업 설계의 틀을 만들고 2차적으로 상세한 내용을 만들고자 할 때는 제목 수준의 교수 전략 내용을 정리하는 것이 효과적이다.

•• 표 4-6 **목표학 개론 특강의 학습 목표 달성 전략 예시**

학습 목표	학습 목표 달성 전략	
목표와 목표가 아닌 것을 구별할 수 있다. (진지함)	말하기	목표의 정의
	보여주기	생략
	해보기	목표와 목표가 아닌 것 구별 활동
	표현하기	목표에 대한 인식 조사
삶에서 목표의 의미를 설명할 수 있다. (진지함)	말하기	삶의 동력, 성취감, 행복의 요소
	보여주기	목표 달성의 짜릿함을 느낄 수 있는 영상
	해보기	목표가 자기 삶에 미친 영향 발표
	표현하기	느낀 점 나누기
목표가 있는 삶의 효과성 사례를 한 가지 이상 들 수 있다. (놀라움)	말하기	목표가 있는 인생과 목표가 없는 인생의 차이점
	보여주기	목표의 유무와 수명
	해보기	주변 사례 찾아보기
	표현하기	목표에 대한 인식 재조사
인생의 범주별, 시간별 목표를 올바르게 진술할	말하기	목표 진술 원칙
	보여주기	목표 진술 예시 (목표 매트릭스)

학습 목표	학습 목표 달성 전략	
수 있다. (자신감)	해보기	목표 매트릭스 작성
	표현하기	목표가 있는 사람이 된 소감 나누기
자신에게 맞는 목표에 집중하는 방법을 선택할 수 있다. (기대감)	말하기	목표에 집중하는 방법
	보여주기	목표에 집중하는 방법별 예시
	해보기	목표에 집중하는 방법 선택하기
	표현하기	선택 이유 공유 및 실천 계획 나누기

다섯 번째 단계는 전체 수업을 한 눈에 볼 수 있는 AMOS map 그리기이다. AMOS map은 단위 수업에서 달성하고자 하는 학습 목표의 수만큼 'O'를 표기한다. AMOS map은 단위 수업의 흐름을 한눈에 볼 수 있게 해주고, 학습 목표를 중심으로 일관성, 전체성, 통일성을 유지할 수 있게 해준다. 교수자는 본격적인 수업 설계에 앞서 AMOS Map을 그려보고, 수업의 전체 흐름과 학습자가 단계별로 어떻게 느낄 것인지를 예상해 보는 것은 효과적이고 매력적인 수업을 위해 반드시 필요한 일이다 [그림 4-2]는 학습 목표의 수가 5개인 목표학 개론 특강의 AMOS map의 예시이다.

•• 그림 4-2 **목표학 개론 특강 AMOS map 예시**

A M O_1 O_2 O_3 O_4 O_5 S

여섯 번째 단계에서는 AMOS의 단계별 수업 활동 계획을 세운다. 일반적으로 단위 수업, 또는 단위 모듈의 시간에 맞추어 AMOS 단계를 적용한다. AMOS 세부 단계의 적용은 사전에 도출한 결과물, 즉 수행 목표, 학습 내용, 학습 목표, 학습 목표 달성 전략을 활용하는 방식으로 한다. [그림 4-3]은 재료 준비 단계로 구분되는 1단계에서 4단계까지의 요소와 요리하기 단계인 6단계의 AMOS 설계의 세부 단계의 연계

•• 그림 4-3 AMOS 모형을 활용한 수업 설계 퀵 모형

성을 보여준다.

주의 집중(Attention) 단계에서 도입 활동은 흥미를 끌 수 있는 인사말과 교수자 소개를 포함한다. 주의 집중 활동은 주제 소개에 앞서 충격적 뉴스와 같은 지각적 주의 환기 전략, 또는 호기심이 생기는 질문과 같은 탐구적 주의 환기 전략을 활용하여 선택적 지각이 일어날 수 있도록 한다. 주제 소개 활동은 이미 정해져 있는 주제를 가져와 활

용한다. 지식 및 경험 검토는 주제에 관한 지식이 어느 정도인지, 주제와 관련한 경험이 있는지를 확인하여 학습자들의 상태를 점검하고, 수업 전개 과정에서 활용한다.

학습 동기 부여(Motivation) 단계에서 학습 내용 안내 활동은 2단계에서 도출한 학습 내용을 안내한다. 학습 목표 제시 활동은 3단계에서 도출한 학습 목표를 제시한다. 이때 학습 내용과 학습 목표를 제시하는 것으로 그쳐서는 안 된다. 반드시 학습 동기를 일으키는 활동으로 의미가 돼야 한다. 특히 학습 목표 제시는 수업이 끝나는 시점에서 변화된 자신을 상상해 보는 활동이 돼야 한다. 중요성 강조 활동은 1단계의 수행 목표, 즉 교육을 통해 변해야 할 행동 또는 결과를 기반으로 내용을 설계한다. 일반적으로 이번 수업의 학습 목표를 달성하게 되면 현장의 요구인 수행 목표를 성취할 수 있다는 것을 강조한다. 다만 중요성 강조 단계에서는 학습자에게 '이번 수업에서 학습 활동을 열심히 할 것이다.'라는 심리적 변화가 일어나야 하므로, 학습자의 감성에 대한 이해를 바탕으로 하는 창의적 전략이 필요하다.

학습 목표 달성(Objective) 단계에서는 4단계에서 도출한 학습 목표 달성 전략으로 말하기, 보여주기, 해보기, 표현하기의 내용을 활용한다. 이때 학습 목표 달성을 위한 전략으로 말하기, 보여주기, 해보기, 표현하기의 순서를 결정한다. 예를 들어 무작정 해보기를 하여 혼란스러운 느낌에서, 보여주기를 통해 정리된 느낌을 주고, 말하기를 통해 내용을 이해시키고, 학습한 내용에 관한 자신의 느낌을 표현하게 하는 전략을 쓸 수 있다.

만족감 제공(Satisfaction) 단계에서 학습 평가 활동은 3단계의 학습 목표를 활용하고, 학습 내용 요약은 2단계의 학습 내용을 활용한다. 질의 응답(Q&A) 단계는 필요한 시간을 배정하고 활성화 전략을 고민한다. 의미 부여는 다시 1단계의 수행 목표를 활용하여 이번 수업이 학습자에게 의미 있는 시간이었고, 다음 학습을 기대하는 만족감을 만들어 준다. 이때 학습한 내용을 활용하는 요령을 제기하면 더 효과적이다. 끝으로 마무리 활동은 수업에 대한 좋은 인상을 남길 수 있는 전략을 모색하고, 수미상관의 법칙에 따라 도입 활동과 연계하면 짜임새 있는 느낌을 줄 수 있다.

<표 4-7>는 목표학 개론 특강을 위한 수업 설계 절차에서 AMOS 모형 4단계까지 결과물을 바탕으로 6단계 수업 설계안의 예시이다. 여기에서는 단계별 활동 내용이 간략히 기술되어 있으며, 더 상세한 내용으로 확대할 수 있다.

•• 표 4-7 **목표학 개론 특강 수업 설계안**

단계	수업 활동	내용
Attention (10 분)	도입 활동 (1 분)	• 목표 달성 마법사입니다.
	주의 집중 (3 분)	• ABBA 의 'I have a dream' 합창
	주제 소개 (1 분)	• 목표학 개론
	지식 및 경험 검토 (5 분)	• 목표에 대한 인식 조사
Motivation (5 분)	학습 내용 (1 분)	• 목표의 개념 • 삶에서의 목표의 의미 • 목표가 있는 삶의 효과성 • 목표 설정 방법 • 목표에 집중하는 방법
	학습 목표 (1 분)	• 자기 삶과 일에서 꼭 필요한 목표를 올바르게 진술할 수 있다.
	중요성 강조 (3 분)	• 예일대학교 연구: 대학 시절 목표와 20 년 후 경제 수준의 관계
Objective (70 분)	학습 목표 1 (5 분)	• 목표와 목표가 아닌 것 구별 활동 (해보기) • 목표의 정의 (말하기/보여주기) • 목표 구별 활동 및 피드백 (해보기)

단계	수업 활동	내용
		• 목표에 대한 정의 기억하기 (표현하기)
	학습 목표 2 (10 분)	• 목표 달성의 짜릿함을 느낄 수 있는 영상 (보여주기) • 삶의 동력, 성취감, 행복의 요소 (말하기) • 목표가 자기 삶에 미친 영향 발표 (해보기) • 느낀 점 나누기 (표현하기)
	학습 목표 3 (10 분)	• 목표의 유무와 수명 (보여주기) • 목표가 있는 인생과 없는 인생의 차이 (말하기) • 주변 사례 찾아보기(해보기) • 목표에 대한 인식 재조사 (표현하기)
	학습 목표 4 (30 분)	• 목표 진술 원칙 (말하기) • 목표 진술 예시/인생 목표 매트릭스 (보여주기) • 목표 매트릭스 작성 및 피드백 (해보기) • 목표가 분명하고 기록한 사람이 된 소감 (표현하기)
	학습 목표 5 (15 분)	• 목표에 집중하는 방법 (말하기) • 목표에 집중하는 방법 예시 (보여주기) • 목표에 집중하는 방법 선택하기 (해보기) • 선택 이유 및 실천 계획 나누기 (표현하기)
Satisfaction (15 분)	학습 평가 (1 분)	• 목표 진술 시트 확인/피드백
	내용 요약 (3 분)	• 주요 내용 문장 괄호 넣기
	질의응답 (7 분)	• 질문 유도를 통한 질의응답
	의미부여 (3 분)	• I have a dream 합창(노래를 부를 자격 있습니다.). • 우수 학습자에게 마법 지팡이 선물
	마무리 활동 (1 분)	• 목표 달성 마법사가 되세요.

AMOS 모형은 당장 수업을 준비해야 하는 교수자가 쉽고 빠르게 적용할 수 있는 수업 설계 모형이다. 이 책에서는 AMOS 모형의 기본 요소와 방법을 설명하고, 적용 예시를 제시하여 내용의 이해를 돕고자 한다. 최종적으로 교수자 스스로 AMOS 모형을 적용하여 자신의 수업을 설계함으로써 자기 지식으로 내면화할 수 있다.

CHAPTER 05 온라인 수업 설계를 위한 AMOS 모형

1. 비대면 교육 시대

코로나19는 다양한 면에서 비대면 사회의 크기를 규모 있게 만들었다. 비대면 시스템의 효율성과 편리함을 맛본 사람들은 비대면 시스템의 장점을 살리는 방향으로 미래 사회를 이끌어 갈 태세이다. 교육 분야도 예외는 아니다. 코로나19의 영향으로 시작된 전면적 온라인 교육 실시에 두려움이 컸던 교수자와 학습자는 어느새 온라인 교육에 익숙해지고, 오히려 온라인 교육의 편리성과 효과성의 장점을 살리는 방향으로 교육이 이루어지길 원하고 있다. 또한, 최고의 교육은 오프라인 교육의 장점과 온라인 교육의 장점을 활용하여 최적화하는 것이라는 답을 찾았다. 기술은 이미 교수자가 상상하는 것을 모두 실현할 수 있는 수준으로 발전하였으며, 모든 것은 교수자와 수업 설계자의 아이디어와 실천에 달려 있다고 할 수 있다.

온라인 교육의 장점은 많다. 첫째, 시공간의 한계에서 벗어나 자유롭게 접근할 수 있다. 시간과 공간에 매여 교육 장소로 이동하고 교육 프로그램에 참여하던 때와 비교하면, 온라인 교육은 편리하고 시간을 낭비하지 않을 수 있다. 둘째, 교육 내용에 집중하고 이해하는 데 효과적이다. 항상 그런 것은 아니지만, 온라인 수업에 집중하는 학생들은 오프라인 수업에 비해 교육 내용을 이해하는 데 도움이 되었다고 말하는 조사 결과가 많다. 또한, 필요에 따른 반복 학습은 효과성에 영향을 준다. 셋째, 개별화 학습이 가능하다. 이상적 교육은 수업에 참여하는 모든 학습자가 자신의 목표를 달성하는 수업이며, AI 등 테크놀로지를 기반으로 하는 온라인 수업은 개별화 수업의 가능성을 높여 주고 있다. 넷째, 온라인 교육은 현장의 문제를 즉시 해결해주는 시스템으로 기능할 수 있다. 발달한 통신 기술과 풍부한 정보 자원은 필요할 때 필요한 내용을 공급받고, 학습할 수 있는 환경을 제공한다. 다섯째, 코로나 19 이후의 새로운 일상(new normal)의 방식으로 교육을 제공한다. 온라인 수업이 일상화되면서 교육은 단편적 활동이 아니라, 다양한 학습 자원에 접근하여 지속 학습할 수 있는 새로운 일상의 요소가 되었다. 이제 온라인 교육은 인터넷을 기반으로 하는 교육을 넘어서 세상의 모든 자원을 연결하여 최적화 시스템을 만드는 새로운 개념이 되어야 한다.

온라인 교육의 장점이 많지만, 오프라인 교육의 장점도 분명하다. 무엇보다도 교수자는 학습자와 직접 교류하며 학습 상황을 조절함으로써 집중력을 유지하고 효과성이 있는 수업을 전개할 수 있다. 실제로 교육 내용만 학습하는 경우와 학습자와 교수자가 신뢰를 형성하며 교육하는 경우의 몰입도와 학습 효과는 차이가 있다. 그러므로 수업에서 직접 대면과 교류를 통한 상호작용의 질을 향상하기 위한 활동은 지속되어야 한다.

최근에는 Zoom, Webinar, Teams 등 실시간 온라인 교육 기술의 발달로 온라인 교육과 오프라인 경계가 무너졌다고 할 수 있다. 또한, 오프라인 수업에서 온라인 기기를 활용하는 경우가 많다. 실제로 학습자를 변화시키기 위해서는 오프라인과 온라인을 구분하지 않는 다양한 학습 경험과 학습자의 주도적 학습 활동이 필요하다. 결론적으로 오프라인 교육과 온라인 교육을 넘어 더 높은 차원에서 수업을 설계해야 한다. 교육은 학습 목표와 학습 환경에 따라 수업 전략이 달라질 수 있다. 이상적 교육을 위해서는 한 가지 방법을 선택하는 전략보다는 다양한 방법으로 수업을 최적화하는 접근이 필요하다.

최근 학습자의 선호와 형편에 따라 수업 방법을 선택할 수 있는 하이브리드 러닝(hybrid learning), 즉 온라인 수업과 오프라인 수업을 동시에 진행하는 것이 유행이다. 또한, 가상의 세계 안에 있는 교육 공간에서 자신의 아바타를 통해 학습 활동을 하고, 다른 학습자와의 상호 교류가 가능한 메타버스 플랫폼이 주목받고 있다. 미래의 교육은 필요할 때 다양한 형식의 콘텐츠에 접근하여 학습하고, 실제 문제를 해결할 수 있는 최적화된 환경 구축을 향해 갈 것이다.

2. AMOS 모형과 온라인 수업 설계 전략

온라인 수업 전략은 오프라인 수업 전략과 크게 다르다는 선입견이 있다. 하지만 온라인 수업 역시 올바른 수업 목표를 진술하고, 수업 목표를 올바르게 달성하는 교육의 본질에서 벗어나지 않는다. 그러므로 학습 목표 달성을 중심으로 하는 AMOS 모형은 온·오프라인 수업과 관계없이 적용할 수 있다. 다만 온라인 수업 설계 활동은 수업의 맥락과 수업이 운영되는 플랫폼, 수업에서 활용하는 애플리케이션 등의 특성을 반영하여 효과적 수업이 될 수 있도록 설계해야 한다.

코로나19로 전면 실시된 온라인 교육은 오프라인 수업을 해왔던 교수자를 당황하게 했다. 온라인 교육은 나와 관계없다는 생각으로 가르치는 활동을 해온 전통적 교수자들은 충격을 받았고, 당장 해결해야 할 문제 앞에 쩔쩔맸다. 그렇게 울며 겨자 먹기로 온라인 수업을 시작한 교수자들은 어느새 온라인 교육에 익숙해졌고, 나름의 방식으로 온라인 수업을 준비하고 전개하고 있다. 우리나라는 코로나19의 영향에 따라 전면적으로 온라인 교육을 실시하는 경험을 쌓고, 세계 최고의 수준의 온라인 수업을 실시하고 있다고 해도 과언이 아니다.

그러나 온라인 수업에 관한 고민은 지금부터다. 학습자는 익숙해진 온라인 수업의 질을 요구하기 시작했다. 이제 교수자는 새롭게 사고하는 최신 감각의 학습자를 만족시키기 위해 기존의 온라인 수업을 뛰어넘는 최고의 수업을 전개해야 한다. 최고 수업의 비밀은 최고의 수업 설계이다. 최고를 지향하는 온라인 교육에서 AMOS 수업 설계 모형은 유효하다. 수행 목표와 학습 목표를 달성하기 위해 수업을 설계하는 활동은 온라인 교육에서도 필수 요소이다. 수업 설계는 교육의 본질인 올바른 수업 목표를 달성하기 위한 체계적이고 구체적인 교육 활동이다.

온라인 수업은 언제, 어디서나 수업에 접근할 수 있는 비실시간 수업과 정해진 시간에 원하는 장소에서 화상 회의 플랫폼을 통해 진행되는 실시간 수업으로 구분된다. 여기에서는 AMOS 모형을 활용하여 비실시간 온라인 수업과 실시간 온라인 수업을 설계하는 방법을 제시한다.

3. AMOS 모형을 활용한 비실시간 온라인 수업 설계

비실시간 온라인 수업은 수업 설계 및 개발 과정을 통해 만들어진 수업 영상 파일을 조직의 LMS(Learning Management System)나 유튜브 등에서 실시하는 수업 방식이다. 학습자는 정해져 있는 조건 안에서 원하는 시간과 장소를 선택하여 수업에 참여할 수 있다. 비실시간 온라인 수업을 준비할 때도 AMOS 수업 설계 모형은 유용하다.

AMOS 모형의 주의 집중(Attention) 단계에서는 도입 활동, 주의 집중을 통한 주제 소개, 주제에 관한 지식 및 경험을 검토하여 수업을 시작하면서 주의 집중에 성공해야 한다. 비실시간 온라인 수업에서는 교수자가 학습자를 직접 통제하기 어렵기 때문에 매우 높은 수준에서 주의 집중이 필요하다. 그렇지 않으면 온라인 교육에서 학습자는 수업에 적극적으로 참여하지 않을 수 있다. 특히 주의 집중 단계에서 수업에 관한 신뢰감 제공에 성공해야 한다. 수업 영상의 표지 역할을 하는 썸네일은 감각적 디자인으로 의미 있고 재미있을 것 같은 느낌을 주면 성공적이다. 썸네일 상태에서 클릭하면 교수자가 등장한다. 이때 썸네일의 느낌이 사라지지 않도록 교수자는 세련된 감각을 유지하면 좋다. 배경 음악과 함께 수업을 시작하는 것도 효과적 방법이다. 수업의 시작 단계에서는 학습자의 주의 집중력이 유지돼야 한다.

학습 동기 부여(Motivation) 단계에서는 학습 내용 안내 활동, 학습 목표 제시 활동, 중요성 강조 활동을 통해 학습자가 수업 활동에 적극적으로 참여하겠다는 학습 동기 부여에 성공해야 한다. 교수자의 통제에 한계가 있는 온라인 수업에서는 학습에 관심이 없거나 형식만 갖추면 되는 경우, 학습자는 소극적으로 참여하는 경향을 보일 수 있다. 그러므로 오프라인 수업보다 더 높은 수준의 동기 부여 전략이 요구된다. 교수자는 수업 설계 단계에서 학습 동기 전략이 성공할 것인지를 스스로 질문하고 개선해야 한다.

학습 목표 달성(Objective) 단계에서는 교수자의 말하기 활동과 보여주기 활동, 학습자의 해보기 활동과 표현하기 활동을 통해 학습 목표 달성에 성공해야 한다. 학습 목표 달성 활동은 자신감을 주면서 계획된 학습 목표를 성취할 수 있도록 과정을 이끌어야 한다. 다만 이 단계에서는 온라인 수업에 적합한 방법으로 접근하기 위해 노력해야 한다. 비실시간 교육에서 학습자의 해보기 활동과 표현하기 활동은 실행이 어렵다. 그러므로 학습 과제 활동을 포함해야 한다. 학습 과제 활동은 명확한 설명과 예시를 보여주는 것이 필요하다. 또한, 학습자의 활동에 어떻게 피드백을 제공할 것인지를 제시해야 한다. 해보기, 표현하기 등의 학습자 활동을 별도의 오프라인 수업으로 연계하여 실시하면, 플립러닝 방식의 교육이 될 수 있다.

만족감 제시(Satisfaction) 단계에서는 학습 평가 활동, 학습 내용 요약 활동, 질의 응답 활동, 의미 부여 활동, 마무리 활동으로 참여한 수업에 만족감을 제공하는 데에 성공해야 한다. 일반적으로 수업 과정은 우수하지만, 수업의 마무리가 미흡한 경우가 많다. 최근 많은 온라인 수업을 접한 학습자를 만족시키기 위해서는 더 높은 수준에서 수업의 마무리 전략을 설계해야 한다. 비실시간 온라인 수업에서는 질의 응답 시간을 진행할 수 없으므로 질문의 의미와 중요성을 강조하고 수업 후에 질문하는 방법을 안내한다. 이때 게시판 등에 의무적으로 질문을 올리게 하는 것도 학습 효과를 높이는 방법이 된다. 온라인 수업의 마무리 장면에서 배경 음악을 활용하면 좋은 느낌을 줄 수 있다.

•• 표 5-1 AMOS 모형을 활용한 비실시간 온라인 수업 설계 전략

단계	수업 활동	비실시간 온라인 수업 설계 팁	비고
Attention (주의 집중)	• 도입 • 주의 집중 • 주제 소개 • 지식/경험 검토	• 교수자의 신뢰감 제공 • 감각적 썸네일 제시 • 배경 음악 활용 • 높은 수준의 주의 집중 전략 설계	지속적 동기 부여로 학습자의 적극적 참여가 유지되는 수업이 될 수 있도록 정교한 수업 설계 필요
Motivation (학습 동기 부여)	• 학습 내용 안내 • 학습 목표 제시 • 중요성 강조	• 높은 수준의 동기 부여 전략 설계	
Objective (학습 목표 달성)	• 말하기(설명) • 보여주기(예시) • 해보기(적용) • 표현하기(표현)	• 학습 과제 부여(해보기, 표현하기) • 명확한 과제 안내와 피드백 방법 제시	
Satisfaction (만족감 제공)	• 학습 평가(수업 목표 달성 확인) • 학습 내용 요약 • Q&A • 의미 부여 • 마무리	• 질문의 중요성 강조 • 게시판을 통한 의무적 질문 요청 • 배경 음악 활용 • 더 높은 수준의 만족감 제공 전략 설계	

4. AMOS 모형을 활용한 실시간 온라인 수업 설계

코로나19로 인한 많은 변화 가운데 하나는 재택 근무가 늘었다는 사실이다. 회사에 출근하지 않고 집에서 일할 수 있는 배경에는 실시간 화상 회의 방식의 소프트웨어가 큰 역할을 했다고 볼 수 있다. 교육 또한 그렇다. 학생들은 학교에 가지 않고 줌(Zoom)과 같은 실시간 화상 미팅 방식의 온라인 수업에 참여했다. 초기에 교수자와 학습자는 새로운 수업 방식에 대한 두려움과 걱정이 컸지만, 실시간 화상 교육은 어느새 많은 사람이 익숙하게 쓰는 방식이 되었고, 분명한 수업의 한 가지 형태로 자리 잡았다.

실시간 화상 교육을 준비할 때도 AMOS 수업 설계 모형을 적용할 수

있다. 영상 중심의 비실시간 온라인 수업은 교수자가 일방적으로 설명하는 수업이지만, 실시간 온라인 수업에서는 최근 발달한 기술을 기반으로 하는 상호 작용 도구와 협력 도구를 활용하여 교수·학습 활동을 전개하고, 피드백을 제공하는 활동이 가능하다. 이러한 도구의 활용은 때때로 오프라인 수업보다 더 효과적이고 매력적인 수업을 만들어 준다. 다만 강의실과 같은 통제된 환경이 아닌 곳에서 학습자가 집중하며, 주도적으로 수업에 참여할 수 있게 하는 교수자의 역할이 중요하다.

실시간 온라인 수업 설계는 AMOS 모형에 따라 주의 집중 단계(Attention), 학습 동기 부여 단계(Motivation), 학습 목표 달성 단계(Objective), 만족감 제공 단계(Satisfaction)를 전개하면서 단계별 교수·학습 활동에 적합한 상호 작용 도구와 협력 도구를 활용하여 수업을 전개하는 것이 필요하다. 빠르게 등장하는 새로운 기술을 습득하는 일은 어려운 일이지만, 수업 설계자는 기술 기반 학습 도구를 남보다 앞서 활용하는 얼리 어답터(early adopter)가 돼야 한다. 다만 학습자가 새로운 도구 활용에 과중한 부담을 느끼지 않도록 적절한 수업 도구를 선택해야 한다. <표 5-2>는 실시간 화상 수업을 설계하기 위한 AMOS 모형이다.

•• 표 5-2 **AMOS 모형을 활용한 실시간 온라인 수업 설계 전략**

<table>
<tr><th>단계</th><th>수업 활동</th><th>교수·학습 활동 도구</th><th>비고</th></tr>
<tr><td>Attention
(주의 집중)</td><td>• 도입
• 주의 집중
• 주제 소개
• 지식/경험 검토</td><td rowspan="2">• 멘티미터
• 클라썸
• 소크라티브
• 카훗</td><td rowspan="3">• 학습자의 주도적 참여
• 분위기 지속 형성
• 학습자 특성에 따라 학습 활동의 부담 고려</td></tr>
<tr><td>Motivation
(학습 동기 부여)</td><td>• 학습 내용 안내
• 학습 목표 제시
• 중요성 강조</td></tr>
<tr><td>Objective</td><td>• 설명
• 예시</td><td>• 구글닥스
• 구글잼보드</td></tr>
</table>

단계	수업 활동	교수·학습 활동 도구	비고
(학습 목표 달성)	• 적용 • 표현	• 패들렛 • 마인드마이스터	
Satisfaction (만족감 제공)	• 수업 목표 달성 확인 • 학습 내용 요약 • Q & A • 의미 부여 • 마무리	• 멘티미터 • 소크라티브 • 카훗 • 채팅방	

실시간 온라인 수업에서 활용할 수 있는 상호 작용 도구와 협력 활동 도구는 기술 발달과 함께 계속 등장하고 있다. 현재 실시간 온라인 수업에서 활용할 수 있는 도구는 <표 5-3>과 같다. 이러한 도구들의 원리를 이해하면 도구의 기본 기능에 더하여 새로운 방법을 찾을 수 있다. 또한 도구들은 오프라인 수업에서 스마트폰으로 활용할 수 있다.

•• 표 5-3 상호 작용 및 협력 학습 애플리케이션

디지털 도구	내용	비고
구글닥스 (Google Docs)	• 구글 워드프로세스이며 하나의 문서에 다수의 학생이 실시간으로 동시에 작업할 수 있음	• MS Word와 호환
구글잼보드 (Google Jamboard)	• 구글의 상호작용 전자칠판임. • 오프라인 수업에서 팀별로 사용하는 전지 역할을 하며 아이디어 공유 등을 할 수 있음	• 구글 드라이브에 자동 저장 및 동기화
마인드마이스터 (Mindmeister)	• 온라인 마인드맵으로 아이디어를 시각화하고 팀별 공동 작업이 가능하고 관련 자료를 삽입할 수 있음	• 웹 기반 • 자동 동기화
멘티미터 (Mentimeter)	• 실시간 설문 플랫폼으로 학습자의 생각을 모으고 싶을 때 활용할 수 있음	• 마무리 활동에서 학습한 내용 중 가장 중요하다고 생각하는 키워드 입력해보기 등과 같이 활용

디지털 도구	내용	비고
	• 참여자의 의견을 즉각 시각화할 수 있음	
소크라티브 (Socrative)	• 실시간 퀴즈 도구(객관식, OX, 단답식) • 교수자는 teacher login, 학습자는 student login 후 교수자 방 번호 입력 • 즉시 결과 확인 리포트 생성	• 학습자는 별도 가입 없음
클라썸 (Classum)	• 개인이 쉽게 활용할 수 있는 LMS로 강의 개설 및 강의 관련 다양한 기능이 있으며 참여도와 성취도 등 데이터(엑셀, PDF) 수집 가능	• 데이터 분석 자료는 유료
페들렛 (Pedlet)	• 하나의 작업 공간에 다수의 학생이 동시에 참여하여 글과 이미지 등을 메모지처럼 붙여 놓는 작업이 가능한 애플리케이션으로 파일 첨부 가능	• 별도 가입 없음
카훗 (kahoot)	• 퀴즈 게임이며, 주로 4지 선다형 문제로 구성 • 퀴즈에 따른 점수가 부여되고 순위가 집계됨 • 그룹 대항 퀴즈 게임으로 사용	• 설치, 로그인 없이 이용 가능

CHAPTER 06 AMOS 수업 설계 모형 양식

1. AMOS 수업 설계 모형 양식

내용 없는 형식은 공허하고, 형식 없는 내용은 산만하다는 말처럼 내용도 중요하지만, 형식도 그에 못지않게 중요하다. 물론 내용이 없으면 아무것도 없는 것이지만, 내용은 있고 형식이 없어도 아무것도 없는 것일 수 있다. 때때로 형식은 결과를 만들어 준다.

대부분 전문 지식이 그렇듯 AMOS 모형을 이해했지만, 막상 적용하려고 하면 무엇을 어떻게 해야 할지 막막할 수 있다. 이때 양식은 미지의 세계에 도착한 사람에게 지도가 되어 따라만 가면 되는 도구로 기능한다. 양식을 채우기 위한 노력은 해보기 활동이 되어 자신의 지식을 구성하는 데 도움을 준다.

(1) AMOS 수업 설계 준비 양식

AMOS 수업 설계 모형 적용을 위한 첫 번째 양식은 수업 설계를 위한 재료 준비 활동으로 AMOS 수업 설계 절차에서 1단계부터 4단계까지를 포함한다. <표 6-1>과 같이 주제, 대상, 인원, 시간 등의 수업 개요 정리 칸, 수업 이후에 잘해야 하는 수행 목표 진술 칸, 수행 목표 달성에 필요한 학습

•• 표 6-1 AMOS 수업 설계 준비

구분	주제(제목)		대상/인원	시간
수업 개요				
수행 목표				
학습 내용				
학습 목표	말하기 (설명)	보여주기 (예시)	해보기 (적용)	표현하기 (표현)

내용 도출 칸, 학습 내용을 기반으로 한 학습 목표 진술 칸, 학습 목표 달성을 위한 교수 전략 요소로써 말하기, 보여주기. 해보기, 표현하기의 내용 도출 칸이다. 양식에 내용을 채운 예시는 다음 장에서 제시한다.

(2) AMOS 수업 설계 양식

수업 설계를 위한 재료 준비가 끝나면 이번 수업이 어떻게 될 것인지를 먼저 상상하는 차원에서 수업의 학습 목표 개수에 따른 AMOS Map을 그려본다. 내 경우, AMOS Map을 그리면서 수업 과정을 미리 상상해보는 것은 수업 설계 작업과 실제 수업에 큰 도움이 된다. AMOS 수업 설계 작업은 우선 한 장으로 정리된 양식에 내용 채우기로 시작한다. 양식에는 앞 단계에서 정리한 수업 설계 재료를 가져오거나, 핵심 내용을 기술하는 방식으로 작성한다. 이때 생각을 많이 하는 것보다 생각나는 대로 내용을 빠르게 정리하고, 다시 내용을 점검하는

•• 표 6-2 AMOS 수업 설계 모형 양식

<table>
<tr><td rowspan="2">Attention
( )</td><td colspan="15">도입</td><td colspan="15">주의 집중</td><td colspan="15">주제 소개</td><td colspan="15">주제 지식·경험 검토</td></tr>
<tr><td colspan="15"></td><td colspan="15"></td><td colspan="15"></td><td colspan="15"></td></tr>
<tr><td rowspan="2">Motivation
( )</td><td colspan="20">학습 내용</td><td colspan="20">학습 목표</td><td colspan="20">중요성 강조</td></tr>
<tr><td colspan="20"></td><td colspan="20"></td><td colspan="20"></td></tr>
<tr><td rowspan="2">Objectives
( )</td><td colspan="20">O1 ( )</td><td colspan="20">O2 ( )</td><td colspan="20">O3 ( )</td></tr>
<tr><td colspan="20"></td><td colspan="20"></td><td colspan="20"></td></tr>
<tr><td rowspan="2">Satisfaction
( )</td><td colspan="12">학습 평가</td><td colspan="12">내용 요약</td><td colspan="12">Q&A</td><td colspan="12">의미 부여</td><td colspan="12">마무리</td></tr>
<tr><td colspan="12"></td><td colspan="12"></td><td colspan="12"></td><td colspan="12"></td><td colspan="12"></td></tr>
</table>

방식이 효과적이다. 개인의 일하는 스타일에 따라 종이 양식에 작성을 할 수도 있고, 처음부터 컴퓨터 문서 작업을 통해 내용을 수정해 갈 수 있다. 각 단계의 (　　)에는 예상 소요 시간을 기록한다.

(3) AMOS 슬라이드/교수자 스킬 설계 양식

기본적인 수업 설계는 앞서 제시한 AMOS 수업 설계 양식을 완성하는 것으로 일단락할 수 있지만, 실제 수업에서 필요한 슬라이드 내용과 교수자의 스킬 전략을 미리 설계하면 수업을 준비하는 데 큰 도움이 된다. 대부분 수업에서 활용하는 PPT 등의 슬라이드는 AMOS 수업

•• 표 6-3 AMOS 수업 설계(슬라이드/교수자 스킬) 양식

표지	도입	주의 집중	주제 소개	지식·경험 검토
학습 내용	**학습 목표**	**중요성 강조**	**학습 목표 1-1**	**학습 목표 1-2**
학습 목표 1-3	**학습 목표 1-4**	**학습 목표 2-1**	**학습 목표 2-2**	**학습 목표 2-3**
학습 목표 2-4	**학습 목표 3-1**	**학습 목표 3-2**	**학습 목표 3-3**	**학습 목표 3-4**
학습 평가	**학습 내용 요약**	**Q&A**	**의미 부여**	**마무리**

설계 요소별로 1장의 내용 작성을 원칙으로 하고, 필요에 따라서 1장 이상의 슬라이드를 구성할 수 있게 양식을 준비한다. 특히 학습 목표 달성 단계는 목표별로 여러 장의 슬라이드가 필요하다. AMOS 수업 설계 내용을 바탕으로 슬라이드 개요 양식에 단어 또는 간단한 이미지를 나타내면 된다. 이러한 활동은 수업 개발 단계에서 큰 고민 없이 빠르게 슬라이드를 작성하게 하여 효율성을 높여 준다.

슬라이드 설계가 끝나면 슬라이드 작업 아래 칸에 위치, 손동작, 시선 맞춤(eye-contact) 등 교수자 스킬 전략과 말의 빠르기, 억양의 말하기 전략을 기술한다. 이러한 내용은 강의를 준비하는 과정에서 변화할 수 있지만, 그 출발점이 된다는 점에서 의미가 크다.

2. AMOS 모형 기반 수업 평가 양식

AMOS 수업 설계 모형의 특징은 수업 설계 과정에서 단계별 전략의 성공 가능성에 대해 질문을 던지는 것이다. 단계별 성공 가능성의 질문에 답하면서 수업을 설계하고, 실제 수업의 결과로써 단계별 성공 정도를 평가하여 다음 수업 준비에 반영해야 한다. 다음은 AMOS 모형을 활용한 수업 설계 및 수업 활동을 평가하는 질문 양식이다.

•• 표 6-4 **AMOS 모형 기반 수업 평가 양식**

단계	체크 항목	평가
Attention	□도입과 교수자 소개를 효과적으로 전개했는가? □주의 집중을 통해 수업 주제를 제시했는가? □주제에 관한 학습자의 지식과 경험을 확인했는가? □수업을 시작하면서 주의 집중에 성공했는가?	
Motivation	□학습 내용을 수업 전체적 맥락으로 소개했는가? □학습 목표를 명확하게 제시했는가? □학습 목표 달성의 중요성을 강조했는가? □수업에 대한 학습 동기 부여에 성공했는가?	
Objective	□학습 내용 제시 전략(말하기, 보여주기, 해보기. 표현하기)은 학습 목표 달성에 효과적이었는가? □교수 매체는 효과적으로 활용되었는가? □학습자의 적용 및 표현 활동에 피드백을 제공했는가? □수업의 학습 목표 달성에 성공했는가?	

단계	체크 항목	평가
Satisfaction	□수업의 학습 목표 달성을 평가했는가? □수업의 학습 내용을 정리하였는가? □질의 응답 시간을 효과적으로 운영하였는가? □수업 활동에 대한 의미를 부여했는가? □학습한 내용을 적용하는 팁을 제시하였는가? □인상 깊은 마무리를 하였는가? □수업에 대한 만족감 제공에 성공했는가?	
교수자 스킬	□복장은 단정했는가? □표정은 밝았는가? □손 처리는 자연스러웠는가? □시선 접촉 및 안배는 적절했는가? □제스처는 적절했는가? □동작은 적절했는가? □말의 발음은 정확했는가? □말의 속도는 적절했는가? □말의 크기는 적절했는가? □불필요한 말버릇은 없었는가? □공간은 적절히 활용했는가? □시간 배분은 적절하였는가?	
종합 평가		

전체 내용을 기억하지는 못하지만 필요할 때 사용하여 성과를 올릴 수 있는 업무 지원 도구로써 체크리스트는 생각 이상으로 효과적이다. 어떤 일은 체크리스트가 없으면 성과를 만들지 못할 수 있다. 체크리스트의 질은 곧 업무 성과의 수준을 나타낸다. 체크리스트로 구성된 AMOS 모형 기반 수업 평가 양식은 효과적인 수업 설계를 지원하고, 성공적 수업 가능성을 높여 준다. 교수자는 이에 더해 개인적인 경험을 바탕으로 체크리스트의 내용을 더하거나 생략할 수 있다.

CHAPTER 07 AMOS 수업 설계 모형 사례

이 장에서는 AMOS 모형을 사용하여 수업을 설계한 다양한 예시를 제시한다. 여기에서 제시된 예시를 통해 AMOS 모형에 대한 이해도를 높이고, 6장에서 소개한 AMOS 모형 양식을 활용하여 자신의 수업에 적용해보기 바란다.

1. 꿈을 이루는 방법(Dream comes true)

다음은 신입 직원에게 성공적 삶의 태도를 제시하는 '셀프 리더십 코스'에 포함된 단위 수업 설계안이다.

(1) 수업 설계 준비(재료 만들기)

구분	주제(제목)	대상/인원	형식	시간
수업 개요	꿈을 이루는 방법	신입 직원/20 명	오프라인	50 분
수행 목표	• 꿈의 목록을 기록하고 이루어 가는 인생을 산다.			
학습 내용	• 꿈의 정의 • 꿈을 실현하는 6 단계 • 드림 리스트 작성			
학습 목표	말하기(설명)	보여주기(예시)	해보기(적용)	표현하기(표현)
01. 꿈의 정의	• 꿈이란 현실이	• 꿈을 이룬 사람	• 없음	• 꿈의 정의 기억

를 말할 수 있다.	될 때까지간직하고 있어야할 간절한 목표이다. • 성공적 삶이란 자신의 가치에 기반한목표를 이루는 것이다.	들 사례		하기
O2. 꿈을 실현하는 6단계를 설명할 수 있다.	• 꿈을 이루기 위한 6단계 1) 꿈 갖기 2) 꿈 기록하기 3) 꿈 이미지화 4) 신념 갖기 5) 계획 세우기 6) 실천적 행동하기	• 1988년에 93가지의 꿈을 이룬 미국의 미식축구팀 코치 루 홀츠 사례 • 미스터 USA,할리우드 배우,정치인의 꿈을 이룬 아놀드 슈왈츠 제너거 사례	• 없음	• 6단계 설명하기
O3. 드림 리스트를 작성할 수 있다.	• 드림 리스트작성 원칙	• 교수자의 드림 리스트 소개	• 개인별 드림 리스트 작성하기	• 짝꿍과 나누기 • 희망자 발표

(2) AMOS Map

A M O1 O2 O3 S

(3) AMOS 수업 설계(요리하기)

	도입	주의 집중	주제 소개	지식/경험 검토
Attention (3)	• 안녕하세요. 매일 꿈을 꾸는 남자 홍길동입니다. 신입직원 여러분을 만나 반갑습니다.	• 많은 꿈과 미국 미식축구 코치의 꿈을 이룬 루 홀츠 이야기 • 퀴즈: 루홀츠는 자신의 107가지 꿈 가운데 몇	• 여러분들은 꿈을 꾸고 이루는 삶을 살고 있습니까? • 오늘은 꿈을 이루는 방법에 대	• "나는 꿈을 이루었다."라고 말할 수 있는 분이 있습니까? • 있다면 어떻게 이루었습니까?

		가지 꿈을 이루었을까요?	해서 말씀드리겠습니다.	

	학습 내용	학습 목표	중요성 강조
Motivation (2)	• 꿈의 정의 • 꿈을 이루는 6 단계 • 드림 리스트 작성	• 꿈의 정의를 말할 수 있다. • 꿈을 이루는 6 단계를 설명할 수 있다. • 자신의 드림 리스트를 작성할 수 있다.	• 꿈에는 힘이 있습니다. • 꿈의 차이가 인생의 차이를 만들어 냅니다. • 꿈이 있는 사람은 고난 상황에도 전진합니다. • 꿈은 인생의 에너지입니다.

	O1. 꿈의 정의를 말할 수 있다. (5)	**O2. 꿈을 실현하는 6 단계를 실현할 수 있다(5)**	**O3. 드림 리스트를 작성할 수 있다. (30)**
Objective (40)	• 꿈의 사전적 정의 설명하기 • 꿈의 정의 설명하기 • 성공의 정의 설명하기 • 꿈을 이룬 사람들 말하기(적용) • 꿈의 정의 기억하기(표현) • 성공의 정의 기억하기(표현)	• 꿈을 이루기 위한 6 단계 설명하기 - 꿈을 갖는다. - 꿈을 적는다. - 꿈을 형상화한다(아놀드 슈왈츠 예시). - 꿈의 실현을 믿는다. - 꿈을 계획한다, - 꿈을 이루는 행동을 한다. - 꿈을 이루기 위한 6 단계 기억하기	• 교수자의 드림 리스트 나누기 • 드림리스트 작성 원칙 설명하기(간절한 것을 구체적으로) • 드림 리스트 작성하기 • 짝궁과 드림 리스트 발표하기 • 희망자 또는 추천자 발표하기

	학습 평가	요약	Q&A	의미부여	마무리
Satisfaction (5)	• 꿈의 정의 기억 확인 • 꿈을 이루기 위한 6 단계 기억 확인 • 드림 리스트 재작성 계획 수립 확인	• 학습 평가 활동과 더불어 주요 내용 정리	• 2 분	• 루홀츠의 어느 날처럼 오늘은 여러분의 인생에서 결정적인 날이 될 것입니다.	• 후회가 꿈을 대신하는 순간 우리는 늙기 시작한다고 전 미국 대통령, 카터가 말했습니다. • 신입직원으로서 과감하게 꿈을 꾸고 이

					루어 내는 최고의 인생에 도전하길 바랍니다.

(4) 슬라이드 및 교수자 스킬 설계 양식

슬라이드 및 교수자 스킬 설계 양식에는 AMOS 단계에 따른 슬라이드 제목과 이미지를 기술하고 아래 칸에는 교수자의 행동 스킬을 기술한다.

표지	도입	주의 집중	주제 소개
Dream Comes True (이미지)	교수자 소개 (사진)	루홀츠의 드림 리스트 (리스트를 작성하는 이미지)	꿈은 이루어진다 (루홀츠 사진)
중앙에 서서 밝은 미소로 전체 학습자와 아이컨택	높은 톤의 활기찬 느낌	골든벨 분위기	중앙에서 진지한 분위기로
지식/경험 검토	**학습 내용 안내**	**학습 목표 제시**	**중요성 강조**
나는 꿈을 이루었다. (승리의 기쁨 이미지)	학습 내용 (소개 이미지)	학습 목표 (목표 이미지)	꿈에는 힘이 있다. (슈퍼맨 이미지)
대답하는 학습자에게 이동			힘 있는 목소리
학습 목표 1-1	**학습 목표 1-2**	**학습 목표 1-3**	**학습 목표 2-1**
꿈이란 무엇인가? (질문 이미지)	꿈의 정의 성공의 정의 (꿈 이미지)	꿈이란? 성공이란? (성공 이미지)	꿈을 이루는 6 단계 (단계 그림)
대답하는 학습자에게 이동			
학습 목표 2-2	**학습 목표 2-3**	**학습 목표 3-1**	**학습 목표 3-2**
아놀드 슈왈츠제너거 사례 (사진)	꿈을 이루는 6 단계?	My Dream List (증거 사진)	드림 리스트 작성 원칙/실습 (안내 이미지)
학습자에 질문하며	슬라이드 애니메이션 기능		이동하며 실습에 대한 피드백으로

	활용		분위기 업
학습 목표 3-3	**학습 평가/요약**	**Q & A**	**의미부여**
희망자 발표 (발표 이미지)	학습 목표 달성? (체크 이미지)	Q & A (이미지)	루홀츠 사진
충분한 칭찬과 응원			진정성 있는 비장한 목소리
적용 요령	**마무리**		**폰트**
주 1회 루틴 (체크 이미지)	후회가 꿈을 대신하는 순간 우리는 늙기 시작한다. (카터 사진)		폰트: 나눔고딕 제목 크기: 44 본문 크기: 20
	배경 음악		

2. 직장 인사 예절

다음은 신입 직원들에게 직장 매너를 교육하는 '직장 예절 과목'에 포함된 단위 수업의 설계안이다.

(1) 수업 설계 준비(재료를 만들기)

구분	주제(제목)	대상/인원	형식	시간
수업 개요	직장 인사 예절	신입직원/20 명	오프라인	50 분
수행 목표	• 직장에서 상황에 맞는 인사를 할 수 있다.			
학습 내용	• 인사의 3 가지 유형 • 상황별 인사법 • 특별한 상황에서의 인사법			
학습 목표	말하기(설명)	보여주기(예시)	해보기(적용)	표현하기(표현)
01. 인사의 3 가지 유형을 말할 수 있다.	• 목례 • 가벼운 인사 • 보통 인사 • 정중한 인사	• 종류별 인사 방법 시범 /영상	• 대표자 실습	• 네 가지 인사의 종류 설명
02. 상황에 맞는 인사를 올바른 동작으로 할 수 있다.	• 상황별 인사 원칙 및 방법 -출근/퇴근 - 복도/계단 - 상사/동료 - 작업 중/통화 중 - 마중/배웅 - 고객 접객 - 사죄/감사	• 상황별 인사 동작 시범	• 상황별 인사 동작 실습 및 피드백	• 인사 동작 실습 후 소감 나누기
03. 특별한 상황에서의 인사 예절을 설명할 수 있다.	• 특별한 장소에서의 인사 원칙 - 화장실 - 엘리베이터 - 자동차 - 회식 자리	• 특별한 장소에서의 인사 원칙 영상/시범	• 없음	• 특별한 장소에서 인사 예절 퀴즈

(2) AMOS Map

A M O_1 O_2 O_3 S

(3) AMOS 수업 설계(요리하기)

	도입	주의 집중	주제 소개	지식/경험 검토
Attention (3)	• 인사를 잘하는 강사 ○○○입니다.	• 직장 예절을 몰라서 당황하는 신입 직원 영상	• 직장 인사 예절	• 인사 방법을 아는 대로 말해 주세요. • 학습자 반응에 대응

	학습 내용	학습 목표	중요성 강조
Motivation (3)	• 인사의 네 가지 종류 • 직장 내 상황별 인사 원칙 • 특별한 장소에서의 인사 원칙	• 인사의 네 가지 종류를 설명할 수 있다. • 올바른 동작으로 직장 상황에 맞는 인사를 할 수 있다. • 특별한 장소에서 적절한 인사 예절을 설명할 수 있다.	• 방송국 앞에서 오랜 기간 인사를 해서 방송국에 픽업되고, 성공한 연예인 사례 제시

	O1. 인사의 3 가지 유형을 말할 수 있다. (5)	O2. 상황에 맞는 인사를 올바른 동작으로 할 수 있다. (20)	O3. 특별한 상황에서의 인사 예절을 설명할 수 있다. (10)
Objective (35)	• 특정 학습자에게 인사하기 요청 • 인사 동작의 네 가지 종류 설명 • 인사 동작 시범 • 인사 동작의 네 가지 종류 질문	• 직장 내 상황별 인사 방법 설명 • 상황별 인사 동작 시범 • 상황별 인사 동작 실습 및 피드백 • 실습 소감 나누기	• 특별한 장소에서 적절한 인사 방법 사진(영상, 시범) • 특별한 장소에서 인사 방법 사진/영상/시범 • 특별한 장소에서 인사 예절 관련 퀴즈

	학습 평가	요약	Q&A	의미 부여	마무리
Satisfaction (9)	• 직장 내 인사 방법 관	• 퀴즈 진행과 함께 학습	• 인사 예절에 관해 무	• 인사를 잘 하는 것과	• 인사를 잘 하는 강사

	련 퀴즈	내용 정리	엇이든 물어보세요.	승진과의 상관 관계 통계 제시	로 기억해 주세요.

3. 컴퓨터의 구조와 기초 언어

다음은 대학생이 한 학기 동안 수강하는 '컴퓨팅 사고와 문제 해결 교과'의 1주차 주제인 '컴퓨터 구조와 기초 언어'의 수업 설계안이다.

(1) AMOS 수업 설계 준비(재료 만들기)

구분	주제(제목)	대상/인원	형식	시간
수업 개요	컴퓨터의 구조와 기초 언어	대학교 1 학년 / 30 명	오프라인 수업	2H(100 분)
수행 목표	• 문제 발생 시 논리적 사고를 하고, 문제 해결을 위한 컴퓨터를 프로그램을 개발할 수 있다.			
학습 내용	• 컴퓨터 구조 • 프로그램 언어에서 변수와 연산자 • 간단한 입출력 코딩			
학습 목표	**말하기(설명)**	**보여주기(예시)**	**해보기(적용)**	**표현하기(표현)**
01. 컴퓨터의 구조를 그림으로 설명할 수 있다.	• 컴퓨터 구조	• 컴퓨터 구조 사진 보여주기	• 없음	• 컴퓨터 그림의 (　) 채우기
02. 프로그래밍 언어에서 변수의 개념과 연산을 설명할 수 있다.	• 변수의 개념과 규칙 • 연산자 기호 • 코딩 기호와 수학 기호의 차이	• 코딩 기호와 수학 기호의 차이 예시	• 연산자 연습 문제를 통한 코딩 실습	• 내용 관련 퀴즈
03. 프로그래밍 언어를 활용하여 간단한 입출력 코딩을 할 수 있다.	• 입출력 함수	• 입출력 코드 예시	• 코딩 실습 및 디버깅	• 코딩 과정에서 느낀 점 나누기

(2) AMOS Map

A M O_1 O_2 O_3 S

(3) AMOS 수업 설계(요리하기)

	도입	주의 집중	주제 소개	지식·경험 검토
Attention (10)	• 반갑습니다. 이번 학기 컴퓨팅 사고와 문제 해결 수업을 맡은 ○○○입니다. • 이제 코딩은모든 사람에게 필요한 세상이 되었습니다.	• 우아한 백조의 필사적 발놀림처럼 백조의 호수를 연기하기 위해 고군분투하며 연습하고 있는 발레리아 동영상 • 사람들이 편하게 사용하는 소프트웨어는 보이지 않는 컴퓨터 언어로 코딩되어 있다는 것을 인지해야 합니다.	• 오늘 수업의 주제는 '컴퓨팅 사고와 문제를 해결'의 첫 시간으로 '컴퓨터의 구조와 언어'입니다.	• 컴퓨터를 분해해 본 사람? • 학습자 반응에 대응

	학습 내용	학습 목표	중요성 강조
Motivation (10)	• 컴퓨터 구조 • 프로그램 언어에서 변수와 연산 • 간단한 입출력 과제 코딩	• 컴퓨터의 구조를 그림으로 설명할 수 있다. • 프로그램 언어에서 변수와 연산을 설명할 수 있다. • 간단한 입출력 과제를 코딩할 수 있다.	• 컴퓨터를 활용하여 문제를 해결하기 위해서는 컴퓨터에게 문제 해결을 위한 명령을 내려야 하는데 이때 컴퓨터가 알아들을 수 있는 언어로 말해야 합니다. • 오늘 수업은 컴퓨터 언어를 학습하는 첫 시간으로 영어, 중국어 등 모든 언어 학습

			이 그렇듯 기초가 튼튼해야 합니다.
Objective (70)	**01. 컴퓨터의 구조를 그림으로 설명할 수 있다.(10)**	**02. 프로그램 언어에서 변수의 개념과 연산을 설명할 수 있다.(30)**	**03. 간단한 입출력 문제를 해결 할 수 있다.(30)**
	• 컴퓨터 구조 설명 • 컴퓨터 구조 그림 보여주기 • 컴퓨터 그림 ( ) 채우기	• 변수의 개념 설명 • 연산의 개념 설명 • 코딩 기호와 수학 기호의 차이 예시 • 연산자 코딩 연습문제 풀기 • 학습 내용 관련 퀴즈	• 입출력 함수 설명 • 입출력 코드 보여주기 • 입출력 코딩 문제 • 코딩 및 디버깅 실습/피드백 • 경험 나누기

	학습 평가	내용 요약	Q&A	의미 부여	마무리
Satisfaction (10)	• 학습 활동을 통해 수업 목표 달성을 확인했습니다.	• 컴퓨터 구조 • 변수와 연산 • 코딩과 디버깅 • 중요한 것은 코딩에 앞서 생각을 논리적으로 해야 합니다.	• 학습 과정에서 생긴 질문과 느낀 점을 말해 보세요.	• OECD가 정한 미래사회의 핵심역량은 기술 기반 도구 활용 역량입니다. • 여러분은 현대인에게 필요한 도구를 만들 수 있는 사람이 될 것입니다.	• 첫 수업에 생각보다 많은 실패와 어려움이 있었을 것입니다. • 아픈 만큼 성장하리라 믿습니다. • 다음 주차 공지

4. 종교개혁(중학교 사회과)

다음은 중학교 2학년 사회 교과 수업에서 '종교개혁'을 주제로 교육하는 단위 수업 설계안이다.

(1) 수업 설계 준비(재료를 만들기)

구분	주제(제목)	대상/인원	형식	시간
수업 개요	종교개혁	중학교 2 학년 /25 명	오프라인	45 분
수행 목표	종교개혁이 근대사회 형성에 끼친 영향을 말할 수 있다.			
학습 내용	• 종교개혁의 배경 • 루터의 개혁 • 칼뱅의 개혁 • 종교개혁의 영향			
학습 목표	**말하기(설명)**	**보여주기(예시)**	**해보기(적용)**	**표현하기(표현)**
O1. 종교개혁의 배경을 말할 수 있다.	• 종교개혁의 어원 (reformation) • 종교개혁의 배경	• 십자군 전쟁 이미지 • 타락한 성직자 이미지	• 종교개혁의 배경에서 느낀점 생각해보기	• 종교개혁의 배경에서 느낀점 말하기(개인 발표, 또는 짝꿍과 나누기)
O2. 루터의 개혁 주장을 설명할 수 있다.	• 과정 • 주장 • 결과 • 금속활자의 영향	• 루터 사진 • 95 개조 반박문 사진 • 금속활자로 인쇄한 성경 사진	• 루터의 주장을 생각해보기	• 루터의 주장에 관한 의견 말하기
O3.칼뱅의 개혁 주장을 설명할 수 있다.	• 주장: 예정설 결과 • 영국 성공회	• 칼뱅 사진 • 전파 지도	• 칼뱅의 주장생각해보기	• 칼뱅의 주장에 관한 의견 말하기
O4. 종교개혁의 영향을 설명할 수 있다.	• 종교 전쟁 • 베스트팔렌 조약 • 가톨릭의 개혁	• 종교 전쟁 그림 • 베스트팔렌 조약 그림 • 중세 유럽 지도	• 없음	• 종교개혁 결과 말하기

	• 근대화 의식 정교회			

(2) AMOS Map

A M O_1 O_2 O_3 O_4 S

(3) AMOS 수업 설계(요리하기)

	도입	주의 집중	주제 소개	지식 · 경험 검토
Attention (3)	• 반갑습니다. 서양 근대 사회 이야기를 이어가겠습니다.	• 금속활자로 인쇄된 성경에 루틴이 쓴 글을 낙서로 생각하고 불태운 노인 이야기	• 종교개혁	• 종교개혁에 대해 아는 사람? • 학습자 반응에 대응

	학습 내용	학습 목표	중요성 강조
Motivation (2)	• 종교개혁의 배경 • 루터의 개혁 • 칼뱅의 개혁 • 종교개혁의 영향	• 종교개혁의 과정을 설명할 수 있다. • 루터의 개혁 주장을 설명할 수 있다. • 칼뱅의 개혁 주장을 설명할 수 있다. • 종교개혁의 영향을 설명할 수 있다.	• 권력 부패로 망한 사례 • 몇몇 사례처럼 권력의 부패와 개혁 현상은 역사에서 반복되었음 • 권력의 부패 원인을 아는 것은 인생의 지혜임

	O1. 종교개혁의 배경을 말할 수 있다.(15)	**O2. 루터의 개혁 주장을 설명할 수 있다.(5)**	**O3. 칼뱅의 개혁 주장을 설명할 수 있다.(5)**	**O4. 종교개혁의 영향을 설명할 수 있다.(10)**
Objective (35)	• 종교개혁의 어원 설명 • 종교개혁의 배경을 그림과 함께 설명	• 루터의 종교개혁 과정 설명 • 루터의 주장 설명 • 루터의 주장에 대해 생각(학습자)	• 칼빈의 주장 설명 • 칼비의 주장에 대해 생각(학습자)	• 종교 전쟁 설명 • 베스트팔렌조약 설명 • 가톨릭의 개혁 설명

	• 종교개혁의 배경에 대해 생각(학습자) • 종교개혁 이야기를 통해 느낀 점 표현(학습자)	• 루터의 주장에 관한 의견 표현(학습자) • 루터의 종교개혁 결과 설명 • 금속활자 발명의 영향 설명	• 칼빈의 주장에 관한 의견 표현(학습자) • 지도와 함께 칼빈의 종교개혁 결과 설명 • 영국 성공회 설명	• 종교 전쟁의 결과 설명 • 정교회 설명 • 종교개혁의 결과 제목 말하기(학습자)	
Satisfaction (10)	**학습 평가**	**내용 요약**	**Q&A**	**의미 부여**	**마무리**
	• 종교개혁 배경에 대한 평가 및 요약 • 루터의 개혁에 대한 평가 및 요약 • 칼빈의 개혁에 대한 평가 및 요약 • 종교개혁 영향에 대한 평가 및 요약		• 짝꿍과 나누고 질문하기	• 종교개혁 이야기는 세계사를 이해하는 데 도움이 되고, 인생의 교훈이 될 것임	• 현재 자신의 삶을 돌아보고 개혁해 보세요.

5. 인공지능 스피커를 활용한 영어 말하기

다음은 초등학교 3학년 영어 시간에 '인공지능 스피커를 활용한 영어 말하기'를 주제로 실시하는 단위 수업 설계안이다.

(1) 수업 설계 준비(재료를 만들기)

구분	주제(제목)	대상/인원	형식	시간
수업 개요	인공지능 스피커를 활용한 영어 말하기	초등학교 3 학년 /20 명	오프라인	40 분
수행 목표	• 자신 있게 영어로 인사할 수 있다.			
학습 내용	• 인공지능 스피커의 사용 방법 • 인공지능 스피커와 영어로 인사하기 • 인공지능 스피커에게 영어로 정보 요청하기			
학습 목표	말하기(설명)	보여주기(예시)	해보기(적용)	표현하기(표현)
O1.인공지능 스피커를 활성화할 수 있다.	• 인공지능 스피커 활성화를 위한 호출어 • 인공지능 스피커 작동법	• 인공지능 스피커 활성화 시범	• 호출어로 팀별 인공지능 스피커 활성화하기	• 없음
O2.인공지능 스피커와 영어로 인사할 수 있다.	• 영어 인사말 문장 목록	• 인공지능 스피커와 영어로 인사하기 시범	• 영어 인사말로 인공지능 스피커에게 말하고 대답 확인하기	• 영어 인사말에 대한 인공지능 스피커의 대답을 발표
O3.인공지능 스피커에게 영어로 정보를 요청할 수 있다.	• 정보 요청 문장 목록	• 인공지능 스피커에게 오늘의 날씨 정보 요청하기	• 세계의 인사말이 무엇인지 인공지능 스피커에게 요청하기	• 세계의 인사말 요청에 대한 인공지능 스피커의 대답을 발표

(2) AMOS Map

A M O1 O2 O3 S

(3) AMOS 수업 설계(요리하기)

<table>
<tr><td rowspan="2">Attention
(3)</td><td colspan="3">도입</td><td colspan="3">주의 집중</td><td colspan="3">주제 소개</td><td colspan="3">지식·경험 검토</td></tr>
<tr><td colspan="3">• 반갑습니다. AI와 함께 잘 사는 방법을 연구하는 ○○○ 입니다.</td><td colspan="3">• 인공지능 스피커에게 노래 부르기를 요청(OK, Google Sing a song)</td><td colspan="3">• 오늘의 주제는 인공지능 스피커를 활용한 영어 말하기입니다.</td><td colspan="3">• 인공지능 스피커를 활용한 경험을 말해 주세요.
• 학습자 반응에 대응</td></tr>
<tr><td rowspan="2">Motivation
(2)</td><td colspan="4">학습 내용</td><td colspan="4">학습 목표</td><td colspan="4">중요성 강조</td></tr>
<tr><td colspan="4">• 인공지능 스피커의 사용 방법
• 인공지능 스피커와 영어로 인사하기
• 인공지능 스피커에게 영어로 정보 요청하기</td><td colspan="4">• 인공지능 스피커를 켜고 사용할 수 있다.
• 인공지능 스피커와 영어로 인사를 할 수 있다.
• 인공지능 스피커에게 영어로 정보를 요청할 수 있다.</td><td colspan="4">• 인공지능 스피커 등과 같은 새로운 기술을 잘 활용하는 사람과 그렇지 못한 사람들의 세상이 될 것입니다. 여러분은 어디에 속하기를 원합니까?
• OECD 에서 제시하는 미래 사회의 핵심역량 중 하나는 '도구를 상호작용적으로 활용하는 역량'입니다.</td></tr>
<tr><td rowspan="2">Objective
(30)</td><td colspan="4">O1. 인공지능 스피커를 활성화할 수 있다. (5)</td><td colspan="4">O2. 인공지능 스피커와 영어로 인사할 수 있다. (10)</td><td colspan="4">O3. 인공지능 스피커에게 영어로 정보를 요청할 수 있다. (15)</td></tr>
<tr><td colspan="4">• 인공지능 스피커 호출어(Wake up world)와 작동법 설명
• 인공지능 스피커 호출 시범</td><td colspan="4">• 영어 인사말 설명
• 인공지능스피커와 영어로 인사 나누기 시범
• 인공지능 스피커에게 영어로 인사하고 답 듣기</td><td colspan="4">• 정보 요청 문장 설명
• 인공지능 스피커에게 오늘 날씨 정보 요청 시범</td></tr>
</table>

	• 호출어를 통해 인공지능 스피커 활성화 해보기	• 인공지능 스피커의 답변 발표	• 인공지능 스피커에게 나라별 인사말 요청하기 • 인공지능 스피커를 통해 얻은 정보 발표

	학습 평가	내용 요약	Q&A	의미 부여	마무리
Satisfaction (5)	• 학습 활동을 보면서 학습 목표 달성을 확인했습니다.	• 수업에서 인공지능 스피커 활성화하고 영어로 인사하기, 영어로 정보 요청하기를 학습했습니다.	• 인공지능 스피커를 활용하여 영어를 공부하면서 느낀점을 말하거나 질문해 주세요.	• 인공지능 스피커와 친해지는 계기가 되길 바랍니다. • 구글 애플리케이션을 통해 상호작용 기록을 확인할 수 있습니다.	• 인공지능 스피커와 더욱 친하게 지내기 바라고 다음 시간에 만나요.

6. 상호 공헌 인간관계(비실시간 온라인 수업)

이 수업은 D 대학교에서 개설된 교양과목으로 '4차산업혁명과 셀프리더십'의 특정 주차 수업 설계 내용이며, 대학의 정책에 따라 비실시간 온라인으로 진행되고 있다.

(1) AMOS 수업 설계 준비(재료 만들기)

구분	주제(제목)	대상/인원	형식	시간
수업 개요	상호 공헌 인간관계	대학생/30 명	비실시간 온라인 수업	50 분
수행 목표	• 서로에게 힘이 되며 함께 성장하는 인간관계를 유지한다.			
학습 내용	• 인간관계의 본질 • 상호 공헌하는 인간관계 형성 방법			
학습 목표	**말하기(설명)**	**보여주기(예시)**	**해보기(적용)**	**표현하기(표현)**
01. 인간관계의 본질을 설명할 수 있다.	• 본질 설명(인간관계의 본질은 서로에게 힘이 되는 생산적 인간관계이다.)	• 직장 내 인간관계 현상 보여주기(나의 경우 오랜 기간 근무 후에 퇴직했음에도 동료 간 인간관계의 두께가 느껴지지 않았다. 그 이유는 생산적 인간관계를 형성하지 못했기 때문이다.) • 행복한 부부에 관한 토론 사례 듣기(행복한 부부의 비밀은 같은 기질이 아니라 서로의 행복	• 없음	• 인간관계의 본질에 관한 자기 생각을 정리하고 제출하기

		에 공헌하는 관계이다.)		
02. 상호 공헌하는 인간관계 형성 계획을 세울 수 있다.	• 상호 공헌하는 인간관계 형성 계획의 요소 및 작성 순서 설명	• 상호 공헌 인간관계 형성 계획 시트 작성 샘플 보여주기	• 상호 공헌 인간관계 형성 계획서 제출 방법 설명	• 상호 공헌 인간관계 형성 계획서 제출하기

(2) AMOS Map

A M O_1 O_2 S

(3) AMOS 수업 설계(요리하기)

	도입	주의 집중	주제 소개	지식·경험 검토
Attention (3)	• 반갑습니다. 저는 인간관계에 대해 고민하지 않습니다. 제가 왜 인간관계에 대해 고민하지 않는다고 했을까요? 잠깐 생각해 보세요. • 실제 인간관계가 좋은 사람은 인간관계에 대해 고민하지 않기 때문입니다.	• 인간관계가 좋은 사람들의 공통점은무엇일까요? 대부분 긍정적인 사람 등의 대답하는사람이 많습니다. • 우리가 그런 쪽으로 노력하면 인간관계에서 성공할 수 있을까요?	• 오늘 수업의 주제는 상호 공헌하는 인간관계입니다.	• 알고 있는 인간관계 방법 확인 • 현재 고민 중인 인간관계 문제 확인

	학습 내용	학습 목표	중요성 강조
Motivation (2)	• 인간관계의 본질 • 상호 공헌하는 인간관계 방법	• 인간관계의 본질을 설명할 수 있다. • 상호 공헌하는 인간관계 형성 계획을 세울 수 있다.	• 직장에서 퇴사하는 이유를 조사한 결과 1위는 상사와 또는 동료 간 갈등입니다. (통계자료 제시)

<table>
<tr><td></td><td colspan="2"></td><td colspan="1"></td><td colspan="2">• 건강을 잃으면 다 잃은 것이라는 말이 있듯이 인간관계에서 실패하면 원하는 인생을 기대하기 어렵습니다.
• 성공적 인간관계는 행복한 삶의 기반이 됩니다.</td></tr>
<tr><td rowspan="2">Objective (40)</td><td colspan="3">O1. 인간관계의 본질을 설명할 수 있다. (10)</td><td colspan="2">O2. 상호 공헌하는 인간관계 계획서를 작성할 수 있다. (30)</td></tr>
<tr><td colspan="3">• 직장 내 인간관계 현상 설명
• 성향이 같은 부부는 행복한가를 질문하고 행복한 부부의 특징 정리 (인간의 다른 사람의 행복에 기여할 때 행복합니다.)
• 인간관계의 본질 설명
• 과제 안내: 인간관계의 본질에 대한 의견을 게시판에 올리기</td><td colspan="2">• 상호 공헌 인간관계 형성 계획서 요소 및 순서 설명
• 계획서 작성 샘플 보여주기
• 과제 안내: 계획서를 작성하여 올리고 피드백을 받으세요.</td></tr>
<tr><td rowspan="2">Satisfaction (5)</td><td>학습 평가</td><td>내용 요약</td><td>Q&A</td><td>의미 부여</td><td>마무리</td></tr>
<tr><td>• 학습 평가는 제출한 과제로 하겠습니다.</td><td>• 인간관계의 본질은 상호 공헌하는 인간관계입니다.
• 높은 성과를 올리는 것이 주위 사람에게 신뢰와 협력을 이끌어 낼 수 있는 방법입니다.</td><td>• 학습 과정에서 생긴 궁금한 점은 게시판에 올려 주세요.</td><td>• 상호 공헌하는 인간관계를 위한 행동은 점점 좋아지는 삶을 이끄는 힘이 될 것입니다.
• 상호공헌 인간관계 시트를 작성할 때, 자신의 강점으로 다른 사람에게 공헌해 보세요.</td><td>• 인간관계의 대해 고민하지 않고, 상호 공헌하며 함께 성장하는 사람이 되기 바랍니다.</td></tr>
</table>

7. 구글 잼보드 활용(실시간 온라인 수업)

다음은 대학 교수에게 '구글 잼보드를 활용한 상호 작용 스킬업'을 주제로 실시간 온라인 수업을 진행하는 교수법 특강의 설계안이다.

(1) AMOS 수업 설계 준비(재료 만들기)

구분	주제(제목)	대상/인원	형식	시간
수업 개요	구글 잼보드 활용 상호 작용 스킬업	교수자/10 명	줌 활용 실시간 온라인 수업	90 분
수행 목표	• 구글 잼보드를 활용하여 학습자의 참여와 활동을 촉진하는 온라인 수업을 진행할 수 있다.			
학습 내용	• 구글 잼보드의 기능 • 구를 잼보드 활용 방법 • 구글 잼보드를 활용한 수업 설계			
학습 목표	**말하기(설명)**	**보여주기(예시)**	**해보기(적용)**	**표현하기(표현)**
01. 구글 잼보드에 접속하여 기본 기능을 사용할 수 있다.	• 접속 방법 • 초대하기 • 메뉴 • 배경 설정 • 펜/지우개 • 스티커 메모 • 이미지/도형 • 텍스트 • 레이저 • 프레임 생성 • 제목 설정	• 구글 잼보드 기본 기능 사용법 보여주기(시연)	• 구글 잼보드 기본 기능 사용 해보기	• OX 퀴즈를 통해 기본 기능 메뉴 기억 평가
02. 구글 잼보드를 활용하여 상호작용 기능을 사용할 수 있다.	• 브레인스토밍 • 토론 • 팀프로젝트 • 질의 응답	• 사례 • 결과 이미지	• 브레인스토밍 실습	• 브레인스토밍 실습 느낌 나누기
03. 구글 잼보드 활용 수	• 수업 설계 방법	• 사례	• 간략히 기획하기	• 소그룹에서 나누기

업 설계 전략을 말할 수 있다.				• 희망자 발표

(2) AMOS Map

A M O_1 O_2 O_3 S

(3) AMOS 수업 설계(요리하기)

	도입	주의 집중	주제 소개	지식·경험 검토
Attention (6)	• 인사말 • 소개	• 멘티미터 접속 방법을 안내하고 멘티미터를 통해 학습자의 요구에 대응	• 구글 잼보드 활용 상호작용 스킬업	• 구글 잼보드 또는 실시간 온라인 수업에서 학습자 참여 도구를 활용한 경험에 대해 질문 • 학습자 반응에 대응

	학습 내용	학습 목표	중요성 강조
Motivation (4)	• 구글 잼보드 기본 기능 • 구글 잼보드 활용 • 구글 잼보드 활용 간단 수업 설계	• 구글 잼보드의 기능을 사용할 수 있다. • 구글 잼보도의 상호 작용 기능을 활용할 수 있다. • 구글 잼보드 활용 수업을 설계할 수 있다.	• 코로나 19 이후 온라인 수업이 보편화되었고, 온라인 수업의 질에 대한 요구가 높다. • 최근에는 오프라인 수업에서도 핸드폰, 테블릿 등을 기반으로 하는 상호작용 도구가 활용된다. • 기술 기반 교수학습 상호작용 도구의 활용은 교수자의 경쟁력이다.

	O1. 구글 잼보드의 기본 기능을 사용할 수 있다. (20)	**O2. 구글 잼보드의 활용 방법을 설명할 수 있다. (30)**	**O3. 구글 잽보드 활용 수업을 설계할 수 있다. (20)**
Objective (70)	• 기능별 설명 • 기능별 시연	• 브레인스토밍, 토론, 팀 프로젝트, 질의 응	• 수업 설계 개요 설명

	• 기능별 따라 하기 • 실습 결과 피드백	답의 개요 설명 • 상호작용 방법별 사례 제시 • 브레인스토밍 실습 • 실습 결과 피드백 • 실습에서 느낀 점 나누기	• 교수 · 학습 상호작용 도구 활용 수업 설계 사례 제시 • 상호작용 도구를 활용하여 수업 설계 기획 • 발표 및 피드백

	학습 평가	내용 요약	Q&A	의미 부여	마무리
Satisfaction (10)	• 3 개의 학습 목표 달성 확인	• 구글 잼보드의 주요 기능, 상호작용 방법 활용 포인트, 수업 설계의 핵심 내용을 요약 정리	• 구글 잼보드의 기능을 활용하여 1 개 이상 질문을 올리게 하고 질문에 대응	• 교육 변화의 중심에는 학습자의 변화가 있다. • 효과적 수업을 위해서는 새로운 사고방식과 라이프 패턴을 가지고 있는 학습자 중심 수업을 설계해야 한다.	• 올바른 방향으로 학습자를 이끄는 교수자가 되길 바라고 응원한다.

8. 언제까지 배워야 하나?(평생 교육 특강)

다음은 대학원에서 평생 교육을 전공한 사람들이 모여 함께 '평생 교육 특강'을 설계한 내용이며, 기본 설계안을 발전시켜 상세 설계안을 개발한 사례이다. 상세 설계안에는 학습 목표와 더불어 AMOS 단계별로 학습자가 가져야 할 느낌을 목표로 제시하였다.

(1) 수업 설계 준비(재료를 만들기)

구분	주제(제목)	대상/인원	형식	시간
수업 개요	언제까지 배워야 하나?	성인	오프라인 특강	90 분
수행 목표	• 평생학습 시대에 자신에게 필요한 지식을 자신에게 맞는 방법으로 학습하며, 사회가 요구하는 경쟁력을 유지하고, 성장하는 즐거움으로 행복한 삶을 살아간다.			
학습 내용	• 평생학습을 해야 하는 이유 • 무엇을 학습해야 하나? • 어떻게 학습해야 하나?			
학습 목표	**내용(말하기)**	**예시(보여주기)**	**적용(해보기)**	**표현(표현하기)**
01. 평생학습이 필요한 이유를 설명할 수 있다.	• 능력 중심 사회이다.	• 경력사원 채용 공고 • 초빙 강사의 조건 • 유학생의 인기	• 없음	• 평생학습이 필요한 3 가지 이유 설명하기
	• 인구 구조가 변했다.	• 한국인의 평균 수명 통계	• 본인 세대의 평균 수명 예측	

	• 학습 경험은 행복의 원천이다.	• 중소기업 대표의 사는 의미 이야기	• 학습과 행복에 대한 인식 조사 • 물건 또는 경험을 선택한 이유 조사	
	• 평생학습은 성공을 부른다.	• 기업의 교육 체계 • 빌게이츠의 격려사 • 평생학습 통계 • 평생학습을 통한 성공 사례	• 평생학습의 의미를 느낄 수 있는 노래하기	• 평생학습을 위한 각오
02. 나의 학습 주제를 말할 수 있다.	• 평생학습 주제 설정 방법	• '나무를 심은 사람'의 주인공, 엘제아르 부피에의 성과 요인	• 자신의 비전, 미션, 액션 적어보기	• 자신의 학습 주제 공유
03. 자신에게 적합한 학습 방법을 말할 수 있다.	• 전통적 학습 방법	• 평생학습 계좌제 사례	• 없음	• 자신의 학습 방법 작성하기(학습자)
	• 새로운 학습 방법(IT 기반 매체 등)	• 학습 방법별 현황 및 사진	• 없음	
	• 자기성찰 학습 방법(명상, 걷기, 일기 등)	• 학습 방법별 사진	• 없음	

(2) AMOS Map

A M $O_{1.1}$ $O_{1.2}$ $O_{1.3}$ O_2 O_3 S

(3) AMOS 수업 설계(요리하기)

	도입	주의 집중	주제 소개	지식·경험 검토
Attention (8)	• 인사 • 강사의 평생학습 스토리	• 남녀별 인생에서 후회되는 것	• 언제까지 공부해야 할까요?	• 최근 1년 동안의 학습 경험 조사(질문)

	• 최근 읽은 책 조사 • 공부는 끝나지 않았다.	에 관한 질문과 조사 결과 제시 • 학습자 참여 유도		• 학습자 반응에 대응

	학습 내용	학습 목표	중요성 강조
Motivation (7)	• 평생 학습해야 하는 이유 • 무엇을 학습해야 하나? • 어떻게 학습해야 하나?	• 평생 학습해야 하는 이유를 설명할 수 있다. • 자신감을 바탕으로 자신의 학습 주제와 학습 방법을 말할 수 있다.	• '삼시세끼 어촌편' 영상(유해인과 차승원의 잘산다는 것) • 누구나 한 번뿐인 인생을 잘 살기를 원합니다. 원하는 인생을 살기 위해 무엇을 어떻게 해야 할까요? • 이번 수업에서 답을 찾아보기 바랍니다.
Objective (65)	**O1.1 평생 학습해야 하는 이유로 능력사회의 도래를 말할 수 있다. (10)**	**O1.2 평생 학습해야 하는 이유로 평균 수명이 증가를 말할 수 있다.(10)**	**O1.3 평생 학습해야 하는 이유로 학습이 행복의 원천임을 말할 수 있다. (10)**
	• 경력사원 채용공고 보여주기 • 초빙 강사의 조건 보여주기 • 유학생의 인기에 대한 통계 보여주기 • 시대의 변화 말하기	• 한국인 평균수명 통계 보여주기 • 어느 노인의 일기 보여주기 • 자신의 평균수명 예측해보기 • 인구 구조의 변화와 영향 설명하기	• 중소기업 대표의 사례에 대해 의견 말해보기 • 학습과 행복의 관계에 대한 인식 조사하기 • 학습과 행복의 관계 설명하기 • 평생학습을 통한 성공 사례 보여주기 • 학습의 의미를 느낄 수 있는 노래 부르기 • 평생학습이 필요한 3가지 이유 말해보기
	O2 자신의 학습 주제를 말할 수 있다. (20)	**O3. 자신의 학습 방법을 말할 수 있다. (15)**	
	• '나무를 심은 사람' 주인공, 엘제아르부피에	• 전통적 학습 방법 설명하기	

	의 성과 요인 설명하기 • 자신의 학습 주제 나누기	• 평생학습 계좌제 사례 보여주기 • 새로운 학습 방법 설명하기 • 방법별 이미지 보여주기 • 자기성찰식 학습 방법 설명하기 • 학습 방법별 사진 보여주기 • 자신의 학습 방법 작성하기	

	학습 평가/요약	Q&A	의미 부여	마무리
Satisfaction (10)	• 중요 문장의 ( ) 채우기로 학습평가 및 내용 요약	• Q&A • 짝궁과 1분 대화 • 대표자 발표	• 행복하고 싶었던 시절이 행복한 시절이었다는 문장이 있습니다. • 자신이 행복한 이유를 설명할 수 있으면 더 행복해집니다.	• 죽을 때까지 배우고 죽을 때까지 행복하세요.

(4) 평생 교육 특강 상세 설계

• **Attention**: 학습자는 기대감으로 교육에 참여한다.

구분	내용	시간	비고
표지	[언제까지 배워야 하나?] • 부제: 평생학습 시대를 사는 법		[ ]는 슬라이드 제목을 의미
도입	[강사 이름] • 안녕하세요. 여러분을 뵙게 되어 반갑습니다. • 강사 자신의 평생학습 스토리를 중심으로 소개.	1	
	• 가장 최근에 본 드라마는 무엇입니까? (반응에 대응)	1	

구분	내용	시간	비고
	• 가장 최근 읽은 책이 무엇입니까? (반응에 대응/책을 읽고 있는 사람이 적을 것으로 예상됨) • 공부하는 것보다 노는 것을 좋아하는 것은 애나 어른이나 똑같습니다. 안타깝게도 우리의 공부는 끝나지 않았습니다. 과연 언제까지 우리는 공부를 해야 할까요? 이 시간을 통해 함께 생각해 보겠습니다.		
주의 집중	[내 인생에서 후회되는 것] • 누구나 인생에서 크고 작은 후회가 있을 것입니다. 여러분은 어떤 후회가 있습니까? (학습자 반응) • 남녀별로 10 대에서 70 대까지의 인생 후회를 보여 드리겠습니다. [남자의 후회] • 남성들의 인생 후회의 공통점 1 위는 '공부를 열심히 할 것을' 입니다. [여자의 후회] • 여성들의 인생 후회의 공통점 1 위 역시 '공부할 것을' 입니다.	5	MBC 설문 조사 결과
주제 소개	[언제까지 공부해야 하나?] • 도대체 우리는 언제까지 공부해야 하는 것일까요?		
지식·경험 검토	[최근 1 년 동안] • 최근 1 년 이내에 학습 프로그램에 참여하신 적이 있는 분은 손들어 보세요. • 손 안 든 분은 손들어 주세요. • 이 중에서 프로그램에 참여하지 않았지만, 개별적 학습을 한 적이 있다고 생각하면 내려 주세요. • 남은 분들은 어떤 학습도 하지 않았다고 당당하게 손을 들고 계시는 분들이십니다. 믿는 것이 따로 있지 않다면 다소 걱정이 됩니다. 사실 학습을 하지 않은 사람은 없습니다. 다만 자신이 인식하지 못했을 뿐 입니다. • 변화가 빠른 시대입니다. 이제 학습하지 않으면 효과적 인생을 살아갈 수 없는 세상이 되었습니다. • 평생 학습하며 행복한 삶을 사는 여러분이 되시길 바라며. 오늘 이야기를 시작하겠습니다.	1	

- **Motivation**: 학습자는 적극적으로 수업에 참여하려는 마음을 먹는다.

구분	내용	시간	비고
학습 활동 안내	[오늘 공부할 것] • 오늘 교육에서 여러분의 학습 활동에 대해 말씀드리겠습니다. 1) 평생학습을 해야 하는 이유 생각하기 2) 자신의 학습 방향과 학습 주제 결정하기 3) 자신에게 필요한 학습 방법 확인하기	1	
학습 목표 제시	[Before vs After] • 교육은 Before 상태에 있는 학습자를 After 상태로 변화시키는 활동을 의미합니다. • 오늘의 교육을 통한 여러분들의 After 상태는 '평생 학습해야 하는 이유를 설명할 수 있다. 그리고 나도 할 수 있다는 자신감을 바탕으로 자신의 학습 주제와 학습 방법을 말할 수 있다.' 입니다. 오늘 교육이 끝나는 시점에 변화된 자신을 만나게 될 것입니다.	1	
학습 동기 부여	[진짜 잘 산다는 것] • (삼시세끼 어촌편 영상: 2 분 26 초) • 잘 산다는 것은 '하는 일도 분명해야 하고, 경제적으로도 윤택해야 하고, 사람들과의 관계도 좋아야 한다.'라고 했습니다. 유해진과 차승원의 대화 내용에 공감하십니까? • 여러분은 잘산다는 것을 무엇이라고 말하겠습니까? 이번 시간이 더 나은 삶은 향하는 한 걸음이 되기를 기대합니다.	5	삼시세끼 어촌편 시즌 2 1 회 영상

- **Objective 1.1**: 평생 학습해야 하는 첫 번째 이유(능력 중심 사회의 도래)를 말할 수 있다.

구분	내용	시간	비고
보여주기	[경력사원 채용공고] • 신입직원 채용은 없고, 경력직원 채용만 있는 공고입니다. • 이제 기업은 신입직원을 뽑아 교육을 통해 인재를 양성하는 것보다는 즉시 성과를 올릴 수 있는 경력사원을 선호하고 있습니다.	8	

구분	내용	시간	비고
	• 사회는 졸업장보다는 능력을 보여주기를 요구하고 있습니다. 더 이상 학교 졸업장만으로 자격을 얻고 일자리를 얻는 시대는 끝났습니다. [초빙 강사의 조건] • 기업에서 강사를 초빙할 때 과거에는 그 분야의 지식이 많은 사람을 초빙했습니다. 그러나 최근에는 이론적 지식만을 가진 사람을 초빙하지 않습니다. • 그 일에 대한 경험이 있고, 실제 문제를 해결할 수 있는 능력 있는 사람을 초빙합니다. • 이러한 현상은 변화된 세상에서 지식이 무엇인지를 알려주고 있습니다. • 사회와 고객이 요구하는 지식은 일반 지식이 아니라 문제를 해결할 수 있는 지식, 즉 전문적인 지식을 말합니다. • 고객에게 가치를 제공할 수 있는 전문 지식을 갖추기 위해서는 지속적인 학습(연구)가 필요합니다 [유학생의 인기] • 그래프에서 보듯이 외국으로 유학 가는 학생의 수가 2011년 이후에 감소하고 있습니다. • 그런 이유 중 하나는 기업에서 유학생들을 선호하지 않기 때문일 것입니다. • 유학을 다녀온 사람들은 우리 기업 문화에 융화되지 못하는 경우가 많습니다. • 또한 뛰어나서 유학 간 경우보다는 반대 경우가 많은 것도 사실 입니다. 오히려 우리나라 교육의 질이 높아졌습니다. • 그러나 외국대학 학위냐, 국내 대학 학위냐를 따지는 것조차 무의미해졌습니다. 학위 유효 기간 자체가 없어지는 시대가 되었습니다. [학위 유효 기간] • 학위에도 유효 기간이 있습니다. • 1960 년대 대학 학위의 유효 기간은? 평생이었습니다. • 1970 년대 대학 학위의 유효 기간은? 20 년입니다. • 1980 년 대학 학위의 유효 기간은? 15 년입니다, • 1900 년대 대학 학위의 유효 기간은? 10 년을 넘지 못합니다. • 2000 년대 이후 대학 학위의 유효 기간은 얼마일까요? 졸업과 동시에 소멸됩니다. 학교에서 배운 내용은 이미 낡은 지식이 되어 버렸다는 의미입니다.		

구분	내용	시간	비고
	• 심지어 박사학위까지도 유효 기간이 있는 나라도 있습니다. 유효 기간은 어느 정도일까요? (학습자 반응) 5 년입니다. • 물론 이것은 상징적 이야기입니다. 이제는 학교를 졸업한 후에도 계속 학습해야 하는 시대입니다.		
말하기	[시대의 변화] • 시대는 상상하는 것 이상으로 빠르게 변하고 있습니다. 직장만 들어가면 되는 시대였던 평생직장의 시대에서 전문적 능력으로 일하는 평생직업의 시대로 변했고, 이제 직업의 역량을 여러 번 가져야 하는 복수 직업의 시대로 변하고 있습니다. • 다음은 현대 경영학의 아버지로 불리는 피터 드러커가 말한 내용입니다. 같이 읽어 보겠습니다. • 지식사회에서 살아갈 사람들은 스스로 학습 방법을 몸에 익히지 않으면 안 됩니다. 지식사회에서는 학습의 내용 그 자체보다 지속적인 학습 능력과 의욕이 훨씬 더 중요해질 것입니다. 자본주의 이후의 사회는 평생 교육을 필요로 할 것입니다.	2	

- **Objective 1.2**: 평생 학습해야 하는 두 번째 이유(평균 수명의 증가)를 말할 수 있다.

구분	내용	시간	비고
보여주기	[한국인 평균수명 추이] • 평균수명의 증가 흐름이 가파릅니다. 10 년에 5 세씩 증가하는 추세를 보이고 있습니다. 이대로라면 2020 년에 85 세, 2030 년에 90 세를 넘게 됩니다. 명실상부한 백세 시대가 멀지 않았습니다. [어느 95 세 노인의 읽기] • (나는 젊었을 때 정말 열심히 일했습니다. 그 결과 나는 실력을 인정받았고 존경받았습니다. 그 덕에 65 세 때 당당한 은퇴를 할 수 있었죠. 그런 내가 30 년 후인 95 살 생일 때 얼마나 후회의 눈물을 흘렸는지 모릅니다. 내 65 년의 생애는 자랑스럽고 떳떳했지만, 이후 30 년의 삶은 부끄럽고 후회되고 비통한 삶이었습니다. 나는 퇴직 후 '이제 다 살았다, 남은 인생은 그냥 덤이다.'라는 생각으로 그저 고통 없이 죽기만을 기다렸습니다. 덧없고 희망이	3	

구분	내용	시간	비고
	없는 삶. 그런 삶을 무려 30 년이나 살았습니다. 30 년은 지금 내 나이 95 세로 보면, 3 분의 1 에 해당하는 기나긴 시간입니다. 만일 내가 퇴직할 때 앞으로 30 년을 더 살 수 있다고 생각했다면 난 정말 그렇게 살지는 않았을 것입니다. 그때 나 스스로가 늙었다고, 뭔가를 시작하기엔 늦었다고 생각했던 것이 큰 잘못이었습니다. 나는 지금 95 살이지만 정신이 또렷합니다. 앞으로 10 년, 20 년을 더 살지 모릅니다. 이제 나는 하고 싶었던 어학 공부를 시작하려 합니다. 그 이유는 단 한 가지. 10 년 후 맞이하게 될 105 번째 생일날 95 살 때 왜 아무것도 시작하지 않았는지, 후회하지 않기 위해서입니다.) • 은퇴 이후의 삶은 생각보다 긴 시간일 수 있습니다. 인생을 장기적 관점에서 설계하지 않으면 후회스럽고 불행한 인생이 될 수 있습니다.		
해보기	[나의 평균수명] • 한국의 평균수명 통계를 기반으로 자신의 평균수명을 예측해보세요. • 옆 사람과 자신의 평균수명과 간단한 느낌을 나누어 보세요.	5	
말하기	[평균수명이 늘어남] • 인구 구조가 변했습니다. 평균 수명 늘어나고 노인 인구가 증가했습니다. 전통적으로 보면 노인은 생산성을 상실하고, 국가는 경쟁력을 잃게 될 수 있습니다. 노인 자신도 의미 없는 삶을 살게 될 것입니다. 국가 경제를 위해서도 자신의 의미 있는 삶을 위해서도 평생 교육은 필요합니다. • 오늘은 남은 인생의 첫날입니다. 새마음으로 힘차게 출발해 보세요.	2	

• **Objective 1.3**:' 평생 학습해야 하는 세 번째 이유(학습은 행복의 원천)를 말할 수 있다.

구분	내용	시간	비고
해보기	[사는 것이 재미없어요.] • 어느 성공한 중소기업 대표는 사는 것이 점점 재미없어진다고 말하고 있습니다. 본인은 나이 탓을 하고 있습니다.	2	

구분	내용	시간	비고
	그 이유가 무엇이라고 생각합니까? 맥락이 없어 다소 막연할 수 있지만 편하게 말해 보세요. • (학습자 반응에 대응) [학습과 행복] • 여러분은 배움을 통해 행복한 적이 있었습니까? • (학습자 반응) • 학습을 통한 행복감을 느낄 때는 언제입니까? 다음 중에서 선택해 보세요. (1) 남들보다 성적이 좋을 때 (2) 새로운 깨달음을 얻었을 때 (3) 할 수 있는 능력이 생기고 자신감을 얻었을 때 (4) 배우며 몰입하는 기쁨을 느낄 때. (5) 그 외 • 학습의 행복감은 오랫동안 지속하는 짜릿한 느낌입니다.		
말하기	• 앞서 중소기업 대표가 행복하지 않다고 생각하는 데는 여러 가지 이유가 있겠지만, 학습하고 있지 않기 때문일 수 있습니다. 학습은 변화되는 자신을 보며, 존재를 확인하는 과정이 되고, 그 가운데서 행복을 느끼게 해 줄 것입니다. 결론적으로 행복한 삶을 살기 위해서는 지속하여 학습하는 삶을 살아야 합니다.	1	
보여주기	[한채권 사장] • 한 사장의 학력은 초등학교 졸업. 1979 년 직원 3 명과 내곡동에 병아리 부화장 시작, 2005 년 매출 300 억, 2014 년 매출 2,000 억, 20 여 개 농장에서 하루 200 만 개의 달걀 생산, 년에 7 억 개를 대기업과 유통회사에 공급 [한 채권 사장의 성공 비결] • 첫 번째 비법은 연구·개발과 공정 혁신의 결과입니다. • 두 번째 비법은 학습의 힘입니다. • 매월 7,000km 를 직접 운전. 40 세에 운전기사를 고용, 하루에 4~5 시간씩 경영 경제 회계 미래 서적을 탐독 (정독한 서적만 1,000 권), 매일 아침 5 시 이전에 일어나 조찬 학습 프로그램에 참석, 전화 강의와 앱 강의 수강. • 사람들이 성공하는 이유는 다양합니다. 금수저를 물고 태어났기 때문인 경우도 있지만, 끊임없이 배우는 노력을 한 결과로 성공한 사람이 더 많이 있습니다. [평생학습의 힘] • 사람들은 학교를 졸업한 후에도 열심히 배우고 있습니다. 반대 관점에서 보면 열심히 배우지 않으면 안 되는 시대입니다.	2	

구분	내용	시간	비고
해보기	[꿈꾸지 않으면] : 노래 들려주기 • 꿈꾸지 않으면 사는 게 아니라고 별 헤는 맘으로 없는 길 가려네/사랑하지 않으면 사는 게 아니라고 설레는 마음으로 낯선 길 가려 하네/아름다운 꿈꾸며 사랑하는 우리 아무도 가지 않는 길 가는 우리들/누구도 꿈꾸지 못한 우리들의 세상 만들어 가네/배운다는 건 꿈을 꾸는 것 가르친다는 건 희망을 노래하는 것/배운다는 건 꿈을 꾸는 것 가르친다는 건 희망을 노래하는 것/우린 알고 있네 우린 알고 있네/배운다는 건 가르친다는 건 희망을 노래하는 것) • 멜로디가 쉽습니다. '나도 할 수 있다.'는 마음과 더 나은 삶에 대한 희망을 품으며 함께 불러 보겠습니다. • (합창)	3	
말하기	[미래의 나의 모습] • 평생학습을 통해 성공한 사람들을 살펴보았습니다. 여러분도 할 수 있습니다. 금수저를 물고 태어나는 것은 노력으로 되지 않는 일이지만, 배우는 노력을 지속하는 것은 누구에게나 가능한 일입니다. • 미래의 자신을 상상하며, 가슴에 손을 대고, 뛰는 심장 소리를 들어 보시기 바랍니다.	1	
표현하기	[평생학습이 필요한 이유] • 우리가 평생 학습해야 하는 이유는 무엇입니까? • (학습자 반응) • 그렇습니다. 첫째, 능력 중심 사회가 되었기 때문입니다. 둘째, 평균수명이 늘어났기 때문입니다. 셋째, 학습은 성공과 행복의 원천이기 때문입니다.	1	

• **Objective 2**: 자신의 학습 방향과 연구 주제를 말할 수 있다.

구분	내용	시간	비고
보여주기	[나무를 심은 사람 책 표지] • 프랑스 작가 장 지오노가 1953년 발표한 소설 '나무를 심은 사람'의 내용을 소개합니다. • (슬라이드 내용으로 줄거리 소개) • 짧은 줄거리만으로 작품의 감동을 전해드릴 수 없지만, 인간이 얼마나 큰일을 해낼 수 있는지를 깨닫게 됩니다.	5	

구분	내용	시간	비고
	어떻게 한 인간이 신이 이룰 수 있는 결과를 만들어 냈을까요? [엘제아르 부피에] • 첫째, 엘제아르 부피에는 비전이 있었습니다. 그의 비전은 무엇이었을까요? (학습자 반응) 그것은 많은 사람이 아름다운 숲에 모여 행복하게 사는 세상이었습니다. • 둘째, 그에게는 미션, 즉 그가 반드시 책임져야 할 목표가 있었습니다. 그것은 무엇입니까? (학습자 반응) 그것은 울창한 숲을 만드는 것입니다. 비전의 실현은 책임을 질 수 없지만, 미션은 반드시 이루어 내야 할 책임입니다. • 셋째, 그에게는 액션, 즉 매일 실천한 행동이 있었습니다. 그것은 무엇입니까? (학습자 반응) 그것은 • 매일 도토리 100 개씩 심는 것이었습니다. • 세상에서 원하는 결과를 이루기 위해서는 비전, 미션, 액션이 필요합니다.		
해보기	[나의 꿈, 나의 학습] • 이 방식을 여러분 스스로 적용해 보시기 바랍니다. • 우선 비전을 적어보세요. 각자 원하는 삶을 생각해 보고 글로 작성해 보세요. 예를 들면, “베스트 셀러 작가.” • 두 번째로 미션을 적어보세요. 비전이 이루어지기 위해 내가 반드시 달성해야 할 목표를 적어보세요. 예를 들면, “책 원고를 완성한다. 유명 출판사와 계약을 한다.” • 세 번째로 액션을 적어보세요. 미션에 관한 목표를 달성하기 위해 매일 해야 할 행동을 적어보세요. 예를 들면, “새벽 5 시부터 1 시간 이상 글을 쓴다.” • 갑작스럽기는 했지만, 액션 목표를 실천하고 비전을 향해 나아가길 기대합니다.	8	작업 카드
표현하기	• 자신의 비전과 미션에 근거해서 어떤 학습을 해야 할지를 결정하세요. 예를 들면, “글쓰기에 관련된 공부” • (학습자들이 다 썼다고 판단되면) 내용을 옆 사람과 짝을 이루어 간단히 나누어 보기 바랍니다. (학습자 간 공유) • 희망하거나 추천하는 한 분에게 발표 기회를 드리겠습니다. • 모든 분의 꿈이 이루어지길 기대합니다. 꿈을 이루기 위한 학습을 응원하는 마음으로 서로에게 박수를 보내 주시기 바랍니다. (박수)	7	작업 카드

• **Objective 3**: 자신에게 적합한 학습 방법을 말할 수 있다.

구분	내용	시간	비고
말하기	[학습 방법] • 더 나은 삶, 더 행복한 삶을 위한 학습 방향을 탐색했습니다. 다음은 어떻게 학습해야 할지를 결정해야 합니다. 물론 한 가지 방법만 있는 것은 아닙니다. 방법들의 종류와 특징을 알면 자신에게 맞는 선택을 할 수 있을 것입니다. • 우선 전통적인 학습 방법에 대해 알아보겠습니다. • 첫째는 진학을 하는 것입니다. 대학에 또는 대학원에 진학하는 것입니다. 학교에서 공부하는 것은 장기적인 노력이지만 그 과정을 통해 많은 성장을 하게 됩니다. 실제로 많은 사람이 진학을 통해 자기실현을 하고 있습니다. • 둘째는 학원에서 배우는 것입니다. 학원에서 제공하는 프로그램은 꼭 필요한 내용을 단기적으로 학습하는 것을 돕는 매우 효과적인 방법입니다. • 최근에는 평생 교육원과 문화센터 등에서 저렴한 비용으로 다양한 학습 기회를 제공하고 있습니다. • 한편으로 국가에서 시행하는 다양한 제도를 활용하면 경력개발 활동에 도움을 받을 수 있습니다.	3	
보여주기	[평생학습계좌제] • 국가에서 시행하는 프로그램으로 <평생학습계좌제>가 있습니다. 개인의 다양한 학습 경험을 온라인 학습 계좌에 누적 · 관리하고 그 결과를 학력이나 자격 인정과 연계하거나 고용 정보로 활용하는 제도입니다. 즉, 개인이 온라인상에 개설하는 자신의 e-포트폴리오이며, 개인별 '평생학습 종합 이력부' 라고 할 수 있습니다. 평생학습계좌제를 활용하면 학습자 스스로 학습을 설계하고 경력을 관리할 수 있습니다.	2	평생 학습 계좌제 홈페이지
말하기	[새로운 학습 방법] • 최근에는 학습 방법에도 큰 변화가 만들어지고 있습니다. 특히 IT 를 기반으로 하는 스마트 러닝 환경이 급속도로 변화하고 있습니다. • 이제 누구나 전 세계 유수 대학의 강의를 인터넷을 통해 무료로 들을 수 있습니다. 이름하여 MOOC(Massive Open Online Course) 입니다. 스탠포드 대학교 교수들이 만든 코세라(Coursera), MIT 와 하버드가 세운 무료 온라인 대학 에덱스(edX), 프린스톤 대학의 유다시티	5	

구분	내용	시간	비고
	(Udacity) 등이 있습니다. 서울대도 에덱스에 참여하고 있습니다. • 한국형 온라인 무료 공개강좌로는 K-무크(www.kmooc.kr)가 있습니다. 2015 년 10 월 14 일 서비스를 시작한 K-무크는 2019 년 기준으로 개설 강좌는 745 개, 수강 신청은 39 만 2,262 건입니다. • 이러한 변화는 새로운 학습 방법으로 플립러닝(Flipped Learning)의 시대를 열었습니다. 기존의 전통적인 수업 방식과는 정반대로, 수업에 앞서 학생들이 교수가 제공한 강연 영상을 미리 학습하고, 강의실에서는 토론이나 과제 풀이를 진행하는 형태의 수업 방식을 말합니다. • 또한 무료로 들을 수 있는 유튜브 강좌와 팟캐스트 방송이 무한합니다. 이제 뜻만 있다면 언제 어디서나 최고의 강의를 들을 수 있습니다. • 한편으로는 'unlearning'의 시대입니다. 배우는 것만큼 중요한 것이 기존에 배운 것을 버리는 것입니다. 새로운 것을 제대로 배우고, 학습하기 위해선 기존의 고정관념을 과감히 깨버리는 용기도 필요합니다. • 이제 교육전문가는 개인에게 필요한 콘텐츠를 찾아 주는 러닝 큐레이터로 역할해야 합니다.		
말하기	[성찰적 학습 방법] • IT 기술을 활용한 자기 주도적 학습 방법도 필요하지만, 상황에 따라서는 성찰적 학습 방법이 효과적일 수 있습니다. • 명상, 걷기, 일기 쓰기 등과 같이 깊이 생각하고 정리하는 활동은 올바른 자신의 지식을 구성하는 데 효과적입니다. • 미국의 투자 왕, 워렌버핏은 1 년 52 주 중 50 주는 생각하고, 2 주간 일한다고 말했습니다. 실제로 많은 성공한 사람은 생각하는데 시간을 많이 쓰고 있고, 생각의 힘을 증명해 왔습니다.	3	
해보기	[나의 꿈, 나의 학습] • 이상으로 전통적 학습 방법, IT 기술 기반 학습 방법, 그리고 성찰적 학습 방법에 대해 말씀드렸습니다. • 제공된 카드에 자신의 학습 주제와 주제 학습에 적절한 학습 방법을 적어보세요. • 작성한 내용은 잠시 후에 나누도록 하겠습니다.	2	작업 카드

- **Satisfaction**: 학습자는 수업의 내용과 활동에 만족한다

구분	내용	시간	비고
학습 평가 및 학습 내용 정리	[기억해 보세요.] • 지금까지 함께 학습한 내용을 정리해 보겠습니다. • 평생학습을 해야 하는 첫 번째 이유는 무엇입니까? • (학습자 대응 후) 능력사회의 도래입니다. • 사회와 고객이 요구하는 지식은 일반적 지식이 아니라 실제 문제를 해결하 수 있는 전문적 지식입니다. • 고객에게 가치를 제공할 수 있는 지식을 습득하기 위해서는 지속적 학습이 필요합니다. • 평생학습을 해야 하는 두 번째 이유는 무엇입니까? • (학습자 대응 후) 평균 수명의 증가입니다. • 인생은 장기적 관점에서 설계하지 않으면 후회되고 불행한 인생이 될 수 있습니다. 오늘은 남은 인생의 첫날이라는 사실을 매일 아침 생각하세요. • 평생학습을 해야 하는 세 번째 이유는 무엇입니까? • (학습자 대응 후) 학습의 행복의 원천입니다. • 학습의 행복감은 오랫동안 지속하는 짜릿한 느낌입니다. 행복한 삶을 살기 위해서는 지속하여 학습하는 삶을 살아야 합니다. • 자신의 학습 주제는 무엇입니까? • (한 학습자의 답을 들은 후) 자신이 원하는 삶을 위해 집중하는 삶을 시작하기 바랍니다. 점점 행복해지고 결과가 좋아지는 상승감을 만나게 될 것입니다. • 학습 주제에 집중하기 위한 자신의 학습 방법은 무엇입니까? • (한 학습자의 답은 들은 후) 전통적 방법, IT 활용 방법, 성찰 방법 모두를 사용하여 인생의 열매를 맺으시기 바랍니다. • 지금까지 평생학습을 해야 하는 이유와 어떻게 해야 하는지에 대해 정리했습니다, 짧은 시간이지만 어떻게 살아야 할지에 대한 답을 찾는 시간이 되었기를 기대합니다.	3	
QA	[무엇이든 물어보세요] • 하고 싶은 얘기나 질문을 해주세요. [소감 나누기] • 두 사람씩 짝을 지어 오늘 수업에 대한 소감을 나누세요. • 나눈 소감 중에 내용이 좋았던 짝을 추천해 주세요. • (2~3 명의 학습자 발표와 피드백)	5	

구분	내용	시간	비고
의미 부여	• 오늘 행복하셨습니까? 왜 행복하셨습니까? 이유 중 하나는 학습이 주는 행복감 때문일 것입니다. 또 하나는 자신에 필요한 학습 목표를 정했기 때문입니다. • 평생학습 시대에 자신에 필요한 지식과 학습방법을 명확히 했다는 것은 성공적 삶을 위한 올바른 목표를 설정했다는 것을 의미합니다. 이제 목표에 집중하기만 하면 됩니다. • 그러면 더 잘 살고, 더 행복한 모습으로 살아가게 될 것입니다. 여러분의 진정한 행복과 성공을 기대하고 응원하겠습니다.	1	
마무리 인사	• '오늘 우리는 언제까지 배워야 하나?'라는 질문으로 시작했습니다. 답은 무엇일까요? • (학습자 반응) • 죽을 때까지입니다. '살며 배우며'라는 책 제목처럼 배우는 것이 삶이고, 배우는 것은 행복입니다. 죽을 때까지 배우시고 행복하세요. 감사합니다.	1	

CHAPTER 08 AMOS 이야기

이 장은 AMOS 모형에 관한 의미를 다양한 관점에서 이야기하는 칼럼 형식의 글이다. AMOS 모형은 단위 수업 수준의 수업 설계 모형이지만, 올바른 교육 목표를 세우고, 올바르게 교육 목표를 달성하고자 하는 교육 활동의 본질을 담고 있다. 즉, 단위 수업을 설계하는 원리는 더 큰 수준의 교육을 설계하는 원리가 될 수 있다. 또한, 교육 문제 해결을 위한 체계적 절차와 연계돼 있다. 수업 설계는 수업의 문제를 해결하는 체계적 접근 방법이며 원리라고 할 수 있다.

흔히 숲을 보지 못하면 나무의 의미를 알 수 없듯이, 전체를 통해 부분을 보는 것이 일반적이지만, 부분에 포함된 본질 요소를 확인함으로써 전체를 볼 수도 있을 것이다.

AMOS 모형 Q&A

교수자에게 AMOS 수업 설계 모형을 소개하면, 새로운 수업 설계 방법에 대한 기대감을 표시하면서, 한편으로 의심이 있는 사항을 질문한다. 다음은 대표적인 질문과 답변 내용이다.

<질문1> 수업을 설계할 때 반드시 AMOS 모형을 활용해야 하나요?

<답변1> 물론 수업 설계 모형이 반드시 AMOS 모형이어야 하는 것은 아닙니다. 다만 AMOS 모형을 활용하면 교수자가 특별히 의식하지 않으면서도 체계적이고, 쉽고, 빠르게 수업을 설계할 수 있습니다. 즉, 교육의 목적을 바탕으로 올바른 학습 목표를 진술하고 학습 목표를 달성하는 수업이 됩니다. 아쉽게도 현재 사용되고 있는 수업 지도안 등은 올바른 목표 설정과 목표 달성에 충분히 초점을 두지 않고 있는 경우가 많습니다. AMOS 모형을 따라가면 자연스럽게 올바른 학습 목표를 설정하고, 달성하는 수업의 본질에 접근하기 때문에 많은 교수자에게 유용한 모형이 될 수 있습니다. 교수자는 수업의 본질과 무관한 활동을 하는 사람이 되어서는 안 됩니다.

<질문 2> AMOS 모형을 활용하여 수업을 설계할 때와 그렇지 않은 때는 효과성에서 차이가 있습니까?

<답변 2> AMOS 모형을 적용하여 수업을 설계한다는 의미는 성공적 수업을 위하여 시간과 에너지를 쓰며, 학습자를 위해 열정으로 수업을 준비한다는 뜻입니다. 그러므로 수업을 설계하지 않고 수업할 때와 비교하면 당연히 효과성에서 큰 차이를 보입니다. 하지만 열심히 수업을 설계하는 경우라도 잘못된 방향으로 에너지를 쓰면 잘못된

결과를 만들 수 있습니다. AMOS 모형은 올바른 학습 목표를 설정하고, 달성하는 모형으로 교수자의 시간과 에너지를 생산적으로 쓰게 합니다.

<질문 3> 수업을 통해 가르치려고 하는 내용 외적으로 기대할 수 있는 소통 능력, 창의력, 비판적 사고 능력, 협업 능력 등의 개발이 필요한데 그런 것들은 배제되는 것은 아닙니까?

<답변 3> AMOS 모형은 기계적이고, 판에 박힌 수업이 되는 느낌을 줄 수 있지만, 기본적으로 학습자에 대한 애정과 효과적 수업에 대한 교수자의 열정이 밑바탕에 있어야 합니다. AMOS 모형뿐 아니라 대부분 수업 설계 모형은 분명한 학습 목표를 달성하기 위한 모형입니다. 예컨대, 창의력을 개발하기 위해서는 창의력 향상에 영향을 주는 구체적인 행동 목표를 설정하고 수업을 설계해야 합니다. 다만 모든 수업은 목표 이외의 효과가 발생하기 마련이고, AMOS 모형으로 수업을 설계해도 기대하지 않은 교육 효과가 발생할 수 있습니다.

<질문 4> AMOS는 통합 모형인데 패러다임이 다른 수업 설계 이론이 통합될 수 있을까요?

<답변 4> 일반적으로 인지 · 행동주의에 기반하여 내용을 체계적으로 전달하는 분석적 수업 설계 모형과 학습자 스스로 구성할 수 있는 환경을 설계하는 종합적 수업 설계 모형은 교육 패러다임이 다르므로 통합될 수 없다는 주장이 있습니다. 하지만 현실에서는 체계적으로 내용을 전달해야 하는 경우와 종합적 역량을 개발해야 하는 경우가 섞여 있으므로, 어느 한 가지 설계 방법으로 현실의 교육 문제를 해결할 수 없습니다. AMOS 모형은 수업의 맥락과 학습 목표에 따라 현실적인 방법을 선택할 수 있습니다.

<질문 5> AMOS 모형은 제시된 방법대로 적용해야 합니까?

<답변 5> AMOS 모형의 체계와 원리를 이해하면 실제 상황에 따라 융통성 있게 적용할 수 있습니다. 우선은 AMOS 모형을 충실히 적용한 후에 융통성 있는 변화를 시도할 것을 권장합니다. 정교한 수업 모형이 필요하지 않은 교수자라면 AMOS 모형에 따른 큰 질문, 즉 '주의 집중에 성공했는가?', '학습 동기 부여에 성공했는가?', '학습 목표 달성에 성공했는가?', '학습에 대한 만족감을 제공했는가?'라고 질문하는 것만으로 수업 설계가 가능할 수 있습니다.

교육의 본질과 AMOS 모형

최근 기술의 발달은 사회를 빠르게 변화시키고 있다. 이에 따라 사회 변화의 지표로 나타나는 트렌드는 대부분 첨단 기술에 관련한 내용이다. 그러다 보니 생소한 기술 개념을 이해하는 것도 힘들고, 빠른 속도로 등장하고 있는 애플리케이션을 현장에 적용하는 것 또한 어려운 일이다. 최근 많은 교수자는 에듀테크에 관심이 있지만, 새로운 기술을 활용하는 데 어려움을 겪고 있다.

빠른 변화로 인한 어려움을 극복하고 새로운 기술을 교육에 적용하기 위한 교수자들의 적극적인 태도는 평가할 수 있는 일이지만, 교육의 본질은 뒷전으로 하고 새로운 기술을 능숙하게 활용하는 데만 초점을 두고 있는 것은 위험한 일이 될 수 있다. 수술은 성공했는데 환자가 죽으면 안 되듯, 교육은 성공했는데 학습자는 변하지 않는 꼴이 되어서는 안 된다.

본질은 그것의 핵심 요소이고, 존재 이유다. 그러므로 어떤 문제든 본질의 이해를 바탕으로 해결해야 한다. 본질을 모르면 언제든 엉뚱한 방향이 될 수 있다. 고인이 된 삼성그룹 이건희 회장은 '본질을 모르면 절대로 의사결정을 하지 않는다.'라고 언급했다는 일화도 있다. 백 가지 지식으로 한 가지 문제를 해결하지 못할 수 있는 것처럼 제대로 모르는 지식은 아무리 많아도 무용하다. 반면에 한가지 원리로 백 가지 문제를 해결할 수 있는 것처럼 본질은 문제 해결의 근원적 힘이라고 할 수 있다.

현대 경영학의 그루로 평가받는 피터 드러커는 '지식 사회에서 일의 본질은 올바른 목표를 세우고, 그 목표를 올바르게 달성하는 것이다.'라고 했다. 사회를 구성하고 있는 많은 조직과 사람은 고객이 원하는 가치를 제공하기 위해 올바른 목표를 세우고, 그 목표를 달성하기 위해 일하고 있다. 한편으로 삶의 본질 또한 자기 자신의 가치관에 따른 올바른 목표를 세우고, 그 목표를 달성하는 과정으로 이해할 수 있을 것이다.

사람을 변화시키는 것을 목표로 하는 교육은 일의 한 부분이다. 그러므로 교육의 본질은 일의 본질과 속성이 같아야 한다. 즉, 교육의 본질은 올바른 학습 목표를 세우고, 학습 목표를 올바르게 달성하는 것이다. 교육 분야에서 무엇을 가르칠 것인가를 의미하는 교육과정(curriculum)은 올바른 학습 목표 이야기이고, 어떻게 가르칠 것인가를 의미하는 수업(instruction)은 올바르게 학습 목표를 달성하는 방법에 관한 얘기다.

AMOS 모형은 수행 목표를 달성하기 위한 체계적인 과정이며, 학습 목표에 초점을 맞춘다. 다시 말해 AMOS 모형은 수행 목표를 달성하기 위해 학습 목표를 설정하고, 수업을 통해 학습 목표를 달성하기 위한 전략이다. AMOS 모형은 교육의 본질을 실천하는 수단이다.

ADDIE 모형과 AMOS 모형

목이 아파 동네 이비인후과에 가면 의사가 '어떻게 오셨어요?'라며 증상을 묻는다. '어제 아침부터 목이 아프고, 침을 삼키기 어렵습니다.' 라고 답하면, 체온을 측정하고 목 안의 상태를 살피면서, '목이 많이 부었네요.'라고 말한다. 이어 의사는 목 안쪽에 약을 바르고 '3일분 약을 드시고, 무리하지 마세요. 그리고 3일 후 병원에 오시면 경과를 살피겠습니다.'라고 말한다.

누구나 경험한 병원 진료 절차는 복잡한 시스템이라고 할 수 있는 인체의 문제를 해결하는 체계적 접근 방법이다. 즉, 현상을 살펴 문제를 확인한 후, 문제의 원인을 파악하고, 원인을 제거할 수 있는 적절한 해결책을 제시하고, 해결책을 실행한 후에 문제가 해결되었는지를 확인하는 프로세스이다. 닥친 문제를 체계적으로 해결하려는 노력은 인류의 역사와 함께해온 일이겠지만, 근대사회 이후 발달한 과학적 방법론에 힘입어 합리적이고 객관적으로 사고하기 시작한 것이 그 유래라 할 수 있을 것이다. 그런 흐름에서 1950년 미국 통계학자인 에드워즈 데이밍이 제시한 PDCA 모형, 즉 계획(plan), 실행(do), 평가(check), 개선(action)의 사이클이 탄생했다. 처음에는 제조업의 생산 관리와 품질관리를 위한 모형이었지만, 세상 모든 문제를 해결하는 모형으로 기능하기 시작했다.

이후 문제 해결 모형은 진화를 거듭했고, 교육 분야에서는 교육 문제 해결에 적합한 모형이 개발됐다. 분석(analysis), 설계(design), 개발(development), 실행(implementation), 평가(evaluation)로 구성된 ISD

모형(Instructional Systems Development Model)은 교육을 하나의 복잡한 시스템으로 보고, 교육 문제를 체계적으로 해결하는 방법으로 ADDIE 모형이라고도 한다. 분석은 교육이 필요한 요구를 바탕으로 학습 목표를 세우는 단계이다. 설계는 학습 목표를 달성하기 위한 구체적인 전략 방안을 수립하는 단계이다. 개발은 교육 설계 내용에 따라 필요한 자원을 개발하는 단계이다. 실행은 개발 결과물을 바탕으로 교육을 실행하는 단계이다. 끝으로 평가는 교육 요구가 해결되었는지를 확인하는 단계다.

교육 문제 해결을 위한 체계적 접근 방법으로 ADDIE 모형은 교육과정을 개발할 때, 교수 매체를 개발할 때, 교육 평가를 할 때 등 모든 교육 활동에 적용할 수 있다. 교육 활동을 마치고 보고서를 쓸 때도 분석, 설계, 개발, 실행, 평가로 목차를 구분하면 최적의 보고서가 된다. 기술 발달로 TV 리모콘의 기능이 복잡하지만, 많은 사람이 단순한 기능만 쓰고 있다. 이처럼 ADDIE 모형은 단계별로 많은 양의 지식 체계를 포함하고 있지만, 교육을 다섯 단계로 구분하여 적용하는 것만으로도 좋은 결과를 만들게 해준다. 사람들이 구구단을 머리에 넣고 평생 사용하듯이 교육 관련 일을 하는 사람은 ADDIE를 머리에 넣고 필요할 때마다 끄집어내어 활용해야 한다.

ADDIE 모형을 수업에 적용하면 수업 문제 해결 방법이 된다. 즉, 수업이 필요한 요구를 바탕으로 수업 수준의 학습 목표를 설정하고, 학습 목표를 달성하기 방법을 설계하고, 수업에 필요한 자원을 개발하여 수업을 실시하고, 수업 목표가 달성되었는지를 평가하는 방법으로 수업을 전개하면 가장 높은 학습 성과를 기대할 수 있다. 이 중 학습 목표 달성 전략을 고민하는 설계 단계의 방법론 중 하나가 AMOS 모형이다. 수업 설계의 질은 이후 단계인 개발의 질, 실행의 질, 평가의 질에 영향을 준다.

디즈니 애니메이션, '니모를 찾아서'에서 한 물고기는 다른 물고기에게 묻는다. "바다가 어떻게 생겼어요?", "그런 것이 있다고는 들었는데, 나도 잘 모르겠어요." 바닷속에 살면서 바다를 본 적이 없다고 말하는 모습처럼 우리는 정신없이 교육 활동을 하면서, 정작 교육이 무엇인지 잘 모르고 있기도 하다. 교육하는 사람이라면 교육이 무엇인지 알고, 교육 문제를 해결하는 방법을 알아야 한다.

강의 프로세스와 AMOS 모형

누구든, 어떤 이유로 일시적 강의 요청을 받게 되면, 어떻게 강의할 것인지에 대한 고민과 강의를 잘하는 것에 대한 부담이 생기기 마련이다. 이때 앞서 소개한 체계적 교육 문제 해결 모델인 ADDIE 모형을 활용하여 강의를 준비하고 전개하면, 갑작스러운 고민과 부담을 크게 줄일 수 있다.

강의 요청을 받은 후에 제일 먼저 할 일은 교육 요구가 무엇인지를 명확히 파악 것이다. 즉, 이번 교육이 왜 필요한지, 교육을 통해 어떤 변화를 기대하고 있는지 등을 규명한다. 또한 학습자가 누구인지, 어떤 특성을 소유한 사람들인지 확인 한다. 더불어 강의해야 할 교육장 환경을 파악하는 것 역시 강의 준비에 중요한 요소이다. 교육장 환경은 교수 방법에 영향을 준다.

분석 활동을 통해 이번 교육의 학습 목표가 명확히 설정되면, 학습 목표를 달성하기 위한 전략을 설계한다. 즉, 학습 목표 달성을 위해 필요한 교육 내용을 바탕으로 수업 전개 흐름, 내용 제시 전략, 평가 전략을 설계한다. 이때 AMOS 모형을 적용하면 짜임새 있는 수업을 설계할 수 있다.

강의 설계가 끝나면 설계 과정에서 도출된 요소를 개발해야 한다. 즉, 수업 설계 내용을 발전시킨 강의 계획안, 학습자를 위한 교재, 강의 슬라이드, 영상, 학습 활동 시트, 평가 도구 등의 교수 자원을 개발한다. 강의에 필요한 자원을 개발한 후에는 수업에서 가장 중요한 매체라고 할 수 있는 강사 자신을 개발해야 한다. 즉, 자신 있게 강의 할 수 있을 만큼의 충분한 강의 연습이 필요하다.

강의 당일이 되면 낯선 사람 앞에 서는 긴장감을 다스리고 강의를 시작해야 한다. 도입 단계에서는 주의 집중을 목적으로 주제를 소개하고, 주제에 관한 지식과 경험을 검토한다. 그리고 학습 동기 부여를 목적으로 학습 내용과 학습 목표를 제시하고, 학습의 중요성을 강조한다. 다음 단계에서는 학습 목표들 달성을 위해 말하기, 보여주기, 해보기, 표현하기 활동을 전개한다. 마무리 단계에서는 강의에 대한 만족감을 제공하기 위해 학습 평가, 학습 내용 요약, Q&A, 수업 의미 부여, 마무리 인사말을 한다. 실행 단계는 AMOS 모형의 흐름을 따르면 된다.

강의를 마친 후에는 평가 단계를 전개한다. 학습자는 강의 직후에 실시하는 반응 평가 결과를 확인하고, 자신의 강의 과정을 돌아보며 강의 계획안을 수정한다. 그러면 일상을 벗어났던 강의 과정은 일단락이 된다.

강의를 준비하고 실행하는 과정은 압축적 수고와 스트레스에 고달프다. 그래도 강의를 준비하고 실행하는 과정을 통해 만들어진 지식과 경험은 활용할 수 있는 수준의 가치 있는 지식이 되어 새로운 나를 만든다.

역량 중심 교육과 AMOS 모형

빠르게 변하고 복잡한 세상을 살아가는 현대인들은 단순히 지식을 제공하는 교육에 만족하지 않고 있다. 사람들이 원하는 교육은 자기 삶을 효과적으로 만들기 위해 도움이 되는 학습 활동이며, 그들의 교육 목적은 학습한 지식을 활용하여 문제를 해결하는 능력 개발이다. 조직 또한 지식이 많은 사람이 아니라 성과를 통해 조직에 공헌하는 능력이 있는 사람을 요구한다. 이러한 요구의 흐름 속에서 등장한 역량 중심 교육(Competency based Education)은 지식을 습득하는 것을 넘어 지식을 활용하여 실제 문제를 해결하고, 성과를 올릴 수 있는 능력을 개발하는 것을 의미한다. 이제 역량 중심 교육은 학교 교육을 포함한 전체 교육을 지배하는 패러다임이 되었고, 거스를 수 없는 대세라고 할 수 있다.

물론 역량 중심 교육에 대해 회의적인 사람도 있다. 그들의 주장은 역량 중심 교육이 형식에 그치고 있으며, 효과는 떠들썩한 기대에 못 미치고 있다는 것이다. 실제로 많은 교육 조직은 역량 중심 교육의 형식은 갖추고 있지만, 그 안을 들여다보면 내용이 부실한 경우가 많다. 첫째, 많은 경우 교육의 최종 목표로 제시하는 역량의 근거가 충분하지 않아 목표 역량의 타당성이 충분하지 않다. 둘째로 목표 역량, 하위 역량, 행동 지표, 수업 목표의 연계성이 분명하지 않은 경우가 있다. 위아래 역량의 연계성이 명확하지 않으면 역량 중심 교육은 의미가 없을 수 있다. 특히, 역량을 드러내는 행동 지표와 수업에서 달성해야 할 학습 목표가 연계되어 있지 않아, 용두사미로 끝나는 경우가 있다. 셋째, 행동 지표와 수업의 목표가 구체적이고 관찰이 가능한 목표로 진술되어 있지 않아, 목표 달성 전략과 평가의 기준이 되는 목표로서 기능하지 못하고 있다.

성공적인 역량 중심 교육을 위해서는 앞서 제기한 문제를 해결해야 한다. 첫째, 종합적이고 면밀한 요구 조사를 통해 근거가 분명하고, 타당한 역량을 정의해야 한다. 둘째, 타당성을 확보한 목표 역량은 연계성을 가지고 하위 역량으로, 다시 행동 지표로 구체화 돼야 한다. 상위에 제시하는 목표 역량은 올바른 방향을 나타내기 때문에 추상적 표현일 수 있다. 반면에 역량 목표가 달성된 상태를 드러내는 행동 지표는 상위 역량의 본질을 바탕으로 구체적인 행동 목표로 설정돼야 한다. 또한, 행동 지표는 수업을 통해 달성해야 할 학습 목표로 연계하여 수업의 내용과 방법을 이끌어야 한다. 셋째, 역량이 드러나는 행동 지표와 수업 목표는 구체적이고 측정이 가능한 목표로 진술해야 하며, 목표 달성 전략이 되고 평가 기준이 되어야 한다. 그래야 역량 목표는 디지털화될 수 있고, 역량 중심 교육은 체계적인 목표 달성 시스템으로 작동할 수 있다.

AMOS 모형은 목표 역량에 연계된 행동 지표를 수업 목표로 전환하고, 수업의 학습 목표를 달성하기 위한 전략을 설계하는 활동이다. 역량 중심 교육은 역량과 연계된 수업의 학습 목표 달성을 통해 완성된다.

MBO와 AMOS

초기 산업 사회에서 대부분 사람은 공장에서 단순 작업을 하는 육체 노동자였다. 그들은 감독자가 시키는 일을 시키는 대로 했으며, 일하는 목적과 방법에 대해 생각하지 않았다. 목표는 주어지는 것이었다. 산업 사회를 지나 지식 사회로 전환되면서 대부분 사람은 지식을 활용하여 일하는 지식 노동자 되었다. 지식 노동자는 육체 노동자와는 달리 자신의 일에서 성과를 만들기 위해 무엇을 해야 하며, 어떻게 할 것인지를 고민하기 시작했다, 이런 사회 변화의 흐름 속에서 탄생한 것이 목표에 의한 관리, 즉 MBO(Management By Objective with self control)이다.

현대 경영학의 아버지로 불리는 피터 드러커는 지식 사회로의 전환 과정에서 MBO의 개념을 제시하며, '고객의 요구를 만족시키기 위하여 어떤 목표를 설정할 것인가를 올바르게 판단해야 한다.'라고 주장하였다. 조직에서 MBO는 고객을 만족시킬 수 있는 조직의 목표를 설정하고, 그에 따른 부서의 목표와 개인의 목표를 달성하기 위한 경영기법이다. MBO의 특징은 합의 과정을 통해 구성원의 목표를 설정하고, 자기 통제하에(with self control) 목표 달성에 대한 책임을 지게 하는 것이다. 자기 관리의 개념이 포함된 MBO는 목표에 대한 개념 없이 주어진 일을 했던 육체 노동자 중심 사회의 종말을 알리는 혁명적 개념이었다.

산업화 과정을 거치면서 개인의 경제가 좋아졌고, 사람들은 새로운 가치를 추구하기 시작했다. 예를 들어 고무신을 신고 다니던 사람들이 운동화를 신기 시작했고, 운동화이면 만족했던 사람들이 디자인이 좋고 브랜드가 있는 운동화를 신고자 하는 욕구가 생겼다. 이런 흐름 속에서 고무신을 생산하는 기업은 빠르게 변하는 고객의 요구를 만족시키기 위해 어떤 목표를 세우고 달성할 것인가에 대한 고민이 깊어졌다. 변화가 빠른 지식 사회에서는 조직이든 개인이든 올바른 목표를 설정하고, 그 목표를 달성하기 위한 책임 있는 노력을 해야 한다. MBO는 기업의 경영 기법을 넘어 가치 있는 결과, 즉 높은 성과를 만들기 위한 일과 삶의 본질이라고 할 수 있다.

산업 사회를 지나 지식 사회로 들어서면서 MBO는 경영 이슈가 되었고, 기업에서는 우후죽순으로 MBO를 도입하는 흐름이 생겼다. 실제로 MBO는 1970년대부터 1990년대까지 우리나라의 대표적인 기업 교육 프로그램이었다. 하지만 많은 기업은 MBO의 본질과 핵심을 제대로 이해하지 못한 채, 하나의 유행하는 기법 정도로 여겼다. 기업은 올바른 목표를 설정하기 위한 깊은 고민보다는 정해진 목표를 관리하는 방법에만 관심을 가졌다. 그 결과 기업은 스스로 목표 관리 시스템을 구축하고 운영할 수 있는 능력을 제대로 갖추지 못했다. 결과적으로 목표를 관리하는 방법은 발전했지만, 정작 올바른 목표를 설정하는 힘을 기르지 못했다.

MBO는 20세기 중반에 탄생했지만, 지식 사회가 고도화된 21세기에 본격적인 역할을 하고 있다. 이미 다수의 조직에서 목표에 의한 관리 체계로 자리 잡은 KPI(Key Performance Indicator)는 MBO의 대표적 예이다. KPI는 조직의 목표를 중심으로 그 목표의 달성을 확인할 수 있는 핵심 성과를 평가가 가능한 지표로 기술하고, 목표를 달성하기 위한 관리 체계이다. 최근 수많은 데이터를 수집·분석할 수 있는 인공지능 기술의 발전은 올바른 목표 설정의 가능성을 높여 주고 있다. 또한, 목표는 측정이 가능하고 관리가 가능한 지표로 설정되어 디지털 시스템에 의해 운영되고 있다.

MBO는 사회 모든 분야에서 적용되고 있다. 교육 역시 MBO라고 할 수 있다. 올바른 교육 목표를 설정하고, 그 목표를 올바르게 달성하기 위한 노력이 곧 올바른 교육 활동이다. 최근 대세라고 할 수 있는 역량 중심 교육은 '교육의 MBO'라고 할 수 있다. 역량 중심 교육은 지식을 활용하여 실제 세계의 문제를 해결할 수 있는 역량 개발을 지향할 뿐 아니라, 올바른 교육 목표를 도출하고, 올바르게 교육 목표를 달성하기 위한 체계적 접근을 포함하고 있다. AMOS 모형은 수업 수준의 MBO이다. 교육을 통해 달성해야 할 수행 목표를 중심으로 수업의 목표를 설정하고, 달성하기 위한 수업 설계 모형이다.

교육 모듈과 AMOS 모형

레고는 다양한 조각을 합하여 무언가를 만드는 장난감으로 지구의 많은 사람이 좋아한다. 성인들까지 레고 놀이에 열중하는 걸 보면 거기엔 뭔가 있는 것 같다. 레고의 매력은 다른 장난감과 다르게 손으로 직접 만드는 재미가 있고, 새로우면서도 멋진 결과를 만들어 내는 성취감을 맛볼 수 있기 때문일 것이다. 조립을 통해 완성하고, 다시 분해하는 식의 레고 놀이는 세상의 문제를 해결하는 데 영감을 준다.

조각을 조립하는 레고 방식으로 문제를 해결하는 방법은 모듈 디자인이다. 모듈이란 레고의 브릭처럼 하나의 조각 요소를 의미하며, 그 자체로도 하나의 완성품이라고 할 있는 독립성을 가지고 있다. 모듈 디자인 방식은 따로 떨어져 있는 요소를 필요에 따라 결합하고, 새로운 결과물을 만드는 것이다. 예를 들어 가구의 독립 요소들을 자유롭게 결합하면 공간의 효용과 아름다움을 살릴 수 있는 다양한 배치가 가능하다. 이러한 모듈 디자인 방식은 세상의 많은 것을 결합하면서 변화된 사회가 요구하는 새로운 가치를 창조한다.

교육에서도 교육 모듈을 결합하는 모듈 디자인 방식은 효과적이다. 교육 모듈은 행동 변화를 지향하는 독립적 교육 프로그램이며, 유튜브 영상, 인쇄물 등 다양한 형태의 교육 자료는 모두 교육 모듈이 될 수 있다. 교육 모듈은 10분 이내에 소화할 수 있는 짧은 것일 수도 있고, 긴 시간이 필요한 프로그램 일 수 있다. 교육 모듈은 단위 수업(lesson)일 수 있고, 교육 과정(course)일 수도 있다. 즉, 세상에 이미 존재하고 있는 모든 교육 자원은 교육 모듈이라고 할 수 있다. 최근에는 짧은 시간에 학습 내용을 전달하는 마이크로러닝(microlearning)이 유행이다. 수많은 교육 모듈을 목적에 맞게 결합하면 새로운 이야기가 되고, 우수한 교육 프로그램이 될 수 있다. 교육 모듈을 개인의 학습 목표에 초점을 맞춰 조립하면, 개별화 교육을 가능하게 해 준다.

AMOS 모형을 활용한 수업 설계 과정에서는 이미 존재하고 있는 교육 모듈을 활용할 수 있다. 즉, 단계별로 필요한 요소들을 세상에 존재하는 교육 모듈로 채우는 것이다. 그러면 더 빠르게 수업을 설계할 수 있고, 더 좋은 수업을 개발할 수 있다. 또한, AMOS 모형을 통해 개발된 수업은 새로운 교육 모듈이 될 수 있고, 또 다른 교육 목표 달성에 필요한 요소가 될 수 있다. AMOS 모형의 활용 능력은 레고 놀이처럼 블록을 만드는 기술이다.

AMOS 수업 설계 팀 작업

살다 보면 누구나 한 번쯤 다른 사람과 힘을 합쳐 문제를 풀어낸 후에 팀워크의 힘을 느낀 적이 있을 것이다. 축구, 농구, 줄다리기 등과 같은 단체 경기를 할 때도 그렇고, 완성된 하모니로 합창할 때도 그렇다. 친구들과 복잡한 문제를 해결해야 하는 방탈출 게임을 할 때도 그렇고, 여러 사람의 생각을 모아 최고의 아이디어를 만들 때도 그렇다. 그렇게 함께 문제를 해결하고 난 후에 하이파이브를 할 땐 짜릿하다.

나도 짜릿한 느낌을 받았던 팀워크의 경험이 여러 차례 있다. 최근에 경험한 팀워크는 여러 사람이 함께 AMOS 모형을 활용하여 수업을 설계할 때였다. AMOS 모형의 단계별 아이디어를 내기 위해 혼자서 끙끙댈 때와는 달리, 가끔 엉뚱한 소리에 큰 웃음을 터뜨리는 흥겨운 분위기에서 각자의 아이디어를 내고, 다른 사람의 아이디어에 꼬리를 물다 보면 시간 가는 줄 모른다. 함께하는 즐거움으로 수업 설계를 마치고 나면, 해냈다는 성취감으로 가슴 뿌듯한 보람이 생긴다.

AMOS 모형을 활용할 때 일부 단계는 재료의 내용을 그대로 가져오면 되지만, 또 일부 단계는 최고 수준의 아이디어를 찾고 만들기 위해 머리를 쥐어짜야 한다. 우선 수업의 목표를 위한 재료 만들기 아이디어가 필요하다. 학습 목표 달성에 필요한 학습 내용, 내용 이해를 도울 수 있는 예시, 학습 내용을 적용하는 활동, 학습한 내용을 자신의 지식으로 표현하는 활동 아이디어는 수업 설계를 위한 재료가 된다. 신선하고 질 좋은 재료는 최고 요리를 위한 필요 조건이다.

다음은 수업 설계를 위한 단계별 아이디어를 만들어 내야 한다. 수업을 어떻게 시작할 것인지, 주의를 어떻게 집중시킬 것인지, 학습 동기를 부여하기 위해 어떻게 중요성을 강조할 것인지, 학습 목표를 달성하기 위해 내용 재료를 어떻게 구성할 것인지, 학습 평가를 어떻게 할 것인지, 학습자의 질문을 어떻게 끌어낼 것인지, 어떻게 수업의 의미를 표현하고 수업에 대한 만족감을 줄 것인지, 끝으로 인상 깊은 수업의 종료를 위해 어떻게 마무리할 것인지에 관한 내용을 설계해야 한다.

팀 작업으로 AMOS 모형을 활용한 수업을 성공적으로 설계하기 위해서는 수업 설계 리더의 역할이 매우 중요하다. 수업 설계 리더는 자신의 수업을 설계해야 하는 교수자일 수 있고, 또는 전문적으로 수업 설계 과정을 이끄는 사람일 수도 있다. 수업 설계 리더는 AMOS 모형에 익숙하지 않은 사람들을 위해 AMOS 모형을 간단히 설명해야 한다. 이후 '자유로운 분위기에서 마음껏 아이디어 내기', '어떤 아이디어도 비판하지 않기', '나온 아이디어에 편승하기'와 같이 마음껏 생각을 쏟아내는 브레인스토밍의 원칙을 적용하면 효과적으로 수업을 설계할 수 있다.

사실 혼자서 하는 수업 설계는 고독한 작업이고, 최고의 아이디어 창출은 한계가 있을 수 있다. 서로의 손을 보태주는 품앗이처럼 서로의 머리를 보태주는 수업 설계 팀 작업은 좋은 결과와 좋은 관계를 만들어 준다. 팀으로 AMOS 모형을 설계하면, 혼자서 수업을 설계할 때보다 수업 설계 과정을 즐길 수 있고, 동시에 좋은 결과를 만들 수 있다.

AMOS 모형을 활용한 수업 컨설팅

지식 수준이 높다는 사실만으로 교수자의 권위를 인정받고, 존경받았던 시절이 있었다. 옛날엔 그랬다. 지금은 고객을 만족시키듯 교수자로서 학습자를 만족시키지 못하면 대우받지 못하는 시대다. 교수자는 자신의 전공 분야에서 충분히 전문가이지만, 가르치는 활동에 필요한 지식이 부족한 경우가 많다. 그 결과로 가르치는 역할을 해야 하는 교수자는 수업을 올바르게 준비하고 운영하는 방법에 관한 도움이 필요하다. 질적 사회로의 전환 과정에서 교수자를 돕는 수업 컨설팅은 세상에 필요한 서비스가 됐다.

수업 컨설팅이란 수업의 효과성을 높이기 위하여 교수자의 수업 과정에 관한 피드백을 제공하는 활동이다. 이미 중·고등학교 교사, 대학교 교수, 기업 및 평생 교육 강사들을 대상으로 하는 수업 컨설팅이 활성화되고 있다. 다만 아쉬운 점은 수업 컨설팅이 형식에 그치는 경우가 많아 효과적으로 이루어지지 못하고 있는 현실이다. 수업 컨설팅의 가장 큰 문제점은 교수자의 수업에 관한 실제적 문제 해결에 초점을 맞추지 못하고 있다는 것이다. 또한, 수업 컨설턴트가 자신의 교육 철학에 따른 특별한 수업 방안을 제시하여, 수업 컨설팅의 취지와 달리 오히려 혼란을 줄 수도 있다.

효과적인 수업 컨설팅을 위해서는 무엇보다도 교수자의 요구를 반영해야 한다. 교수자의 동기와 의지를 끌어내어 교수자 스스로 문제를 해결할 수 있도록 돕는 것이 효과적이다. 올바른 수업 방법이라도 일방적으로 제시하는 식은 효과를 기대하기 어렵다. 또한, 교수자 스스로 수업의 문제를 해결할 수 있도록 수업 준비, 수업 운영, 수업 평가의 과정을 포함하는 수업 모형의 제공이 필요하다.

일반적으로 수업 컨설팅의 절차는 교수자의 요구 분석, 교수자의 강의 계획서와 수업에서 활용하는 자료 검토, 교수자의 수업 관찰 또는 교수자의 수업 영상 자료 분석, 교수자와의 미팅, 수업 컨설팅 보고서 제출 등이다. 이 가운데 교수자의 관심이 높고 수업의 핵심이라고 할 수 있는 실제 수업 활동에 관한 피드백은 AMOS 모형을 적용할 수 있다. 즉, 수업 관찰, 또는 수업 영상 검토를 통해 '주의 집중에 성공했는가?', '학습 동기 부여에 성공했는가?', '학습 목표 달성 과정에 성공했는가?', '수업에 대한 만족감 제공에 성공했는가?'라는 질문을 던지면서 잘한 점과 미흡한 점을 평가하고 개선 사항을 제시할 수 있다.

한편으로 교수자와의 미팅에서 AMOS 단계를 적용하면 효과적이다. 도입 단계에서는 놀랄만한 내용을 제시하는 등, 주의를 끌며 수업 컨설팅을 시작한다. 동기 부여 단계에서는 수업 컨설팅 활동의 내용과 목표를 제시하고 수업 컨설팅의 의미를 제시하여 교수자에게 동기를 부여한다. 학습 목표 달성 단계에서는 정해진 컨설팅 내용을 제시하고 교수자와 의견 교환을 통해 개선점을 도출한다. 끝으로 수업 컨설팅 과정에서 나온 결과를 확인하고, 수업 컨설팅에 대한 만족감과 향후 자신의 수업에 대한 기대감을 제공하며 수업 컨설팅을 마친다.

평생 교육과 강의

평생 교육 시대이다. 학교를 졸업하고 성인이 된 이후에도 교육받는 일은 계속되고 있다. 빠르게 변화하는 시대에 살아남기 위해서는 끊임없이 학습해야 하기 때문일 것이다. 여러 곳에서 개설하는 교육 프로그램이 넘쳐난다. 정부와 지자체에서 지원하는 무료 교육도 많고, 평생교육원과 문화센터의 프로그램도 많다. 강의하는 방송 프로그램도 유행이고, 스마트폰으로 내가 좋은 시간에 들을 수 있는 유튜브 강의도 많다. 강의가 많은 만큼 강의를 하는 사람이 많다. 사회 분위기가 그래서인지 전문 강사가 되고자 준비하는 사람도 상당수다.

꼭 직업 강사가 아니더라도 살다 보면, 어쩌다 강의할 기회가 생기게 된다. 회사 내 강사로서 업무 관련 강의를 할 수 있고, 지자체 프로그램의 요청에 따른 특강을 할 수도 있다. 기업 교육의 맥락일 수 있고, 평생 교육의 맥락일 수도 있다. 강의 요청을 받게 되면 자신이 강의한다는 사실에 뿌듯함이 생기지만, 어깨가 으쓱이는 느낌은 잠깐이고 여러 사람 앞에 서는 두려움과 한 번도 해 보지 않은 일에 대한 걱정에 어디론가 떠나 버리고 싶은 심정이 된다.

남 앞에 서서 강의한다는 것은 결코 만만한 일이 아니다. 강의 내용을 일방적으로 이야기해서는 안 된다. 내용을 설득력 있게 전달하고, 사람들이 깨달음을 얻거나 문제를 해결할 수 있는 능력을 개발시켜 주어야 한다. 그래야 단순히 정보를 전달하는 행위가 아니라 사람을 변화시키는 교육이 된다. 그러다 보니 여간 부담스러운 일이 아니다. 사람들 앞에서 간단히 자기를 소개할 때도 긴장감이 생기는데, 여러 사람

앞에서 강의해야만 하는 일은 지구를 떠나고 싶을 정도로 스트레스가 큰일이다. 강의에 대한 부담감과 긴장감을 줄일 수 있는 가장 좋은 방법은 철저히 강의를 준비하는 것이다. 짜임새 있게 강의를 개발하고 충분히 연습하면 강단에 서고 싶은 설렘이 생기기도 한다.

강의를 잘 개발하는 방법은 전문적 지식이 필요한 일이지만, AMOS 모형을 활용하면 쉽고 효과적으로 강의를 준비할 수 있다. 우선 강의를 짜임새 있게 구성해야 한다. 흔히 이야기는 기승전결의 흐름이 있듯이 강의는 크게 주의 집중(Attention), 동기 부여(Motivation), 학습 목표 달성(Objective), 만족감 제공(Satisfaction) 단계로 구성된다. 첫째, 주의 집중 단계에서는 학습자의 주의를 끌어야 한다. 시선을 모으고 귀를 열게 해야 성공적인 강의가 시작된다. 둘째, 동기 부여 단계에서는 강의 주제의 중요성을 강조해 '강의를 꼭 들어야겠다.'라는 마음이 생기는 학습 동기를 부여해야 한다. 셋째, 내용 제시 단계에서는 내용을 잘 이해할 수 있도록 설명하고, 예를 들어주거나 시범을 보인다. 필요한 경우 연습 또는 실습으로 학습자의 변화를 만들어야 한다. 넷째, 만족감 제공 단계에서는 학습 내용을 요약 정리해주고, 학습자로서 강의가 유익했다는 만족감을 느끼게 해야 한다. 물론 각 단계는 더 정교한 수준의 설계가 필요하지만, AMOS 모형의 네 단계의 제목만 따르기 위해 노력해도 기대 이상의 성과를 올릴 수 있다.

다음으로는 강의를 말로만 할 것인지, 빔프로젝터를 활용할 것인지를 결정해야 한다. 만일 빔프로젝터를 활용하기로 했다면 슬라이드 화면을 개발해야 한다. 파워포인트 등 소프트웨어를 잘 활용할 수 있는 사람에게는 어렵지 않은 일이지만, 그렇지 못한 사람에게는 큰 걱정거리다. 이 경우 잘못하는 일에 매달리는 것보다는 적극적으로 주변에 도움을 청하는 것이 현명한 일이다. 다만 어떤 슬라이드 화면을 원하는지를 분명하게 정리해서 도움을 청해야 한다. 강의 설계안을 바탕으로 슬라이드 자료까지 개발하고 충분히 연습하면 강의 준비는 된 것이다.

그럼에도 강의 날짜가 가까워지면 긴장감이 커진다. 결국 그날은 오고 만다. 강의 당일에는 빠뜨린 물건이 없는지 점검해야 한다. 기본적으로 교안(강의 설계안)을 챙겨야 하고, 빔프로젝터를 활용하여 강의할 경우라면 준비물이 많아진다. 노트북, 아답터, 전원 케이블, 각종 연결잭, USB 또는 외장하드, 레이저 포인터까지 챙겨야 한다. 물론 장비 일체가 준비된 교육장이라면 USB만 들고 가거나, 클라우드에 저장된 파일을 다운로드해도 된다. 이외에도 강의 도구, 간단한 선물, 필기구, 명함 등을 준비해야 한다. 강의장에서 필요한 것이 빠졌다는 것을 알게 되는 순간 공포 영화가 시작된다. 첫 번째 강의가 악몽으로 기억되는 사람에게는 트라우마가 되어 다음 기회가 없을 수 있다. 강의를 마친 후에는 숨을 돌리고, 강의 피드백 분석 체크리스트를 활용하여 자신의 강의를 반성적으로 성찰해야 한다. 그러면 다음 강의는 훨씬 좋아진다.

평생 교육 시대에 교육받는 것은 의미 있는 일이지만, 누군가에게 가치 있는 지식을 제공하는 강의를 하는 것도 보람 있는 일이다. 누구나 자신만의 인생 이야기가 있고, 특별한 경험이 있다. 그 경험을 잘 정리하면 다른 사람의 삶과 일에 공헌하는 유익한 내용이 된다. 이왕이면 나만의 강의에 도전해 보자. 강의하기는 많은 사람이 죽기 전에 꼭 해야 할 일에 포함하는 꿈 목록이기도 하다. 당장은 아니더라도 언젠가 나에게 강의할 기회가 생긴다면, 무슨 강의를 어떻게 할 것인지를 미리 생각해 보자.

강의를 잘하는 사람

'교수자 양성 과정'의 시작 단계에서 참석자들에게 교육 과정의 참석 배경과 교육에 대한 기대를 확인해 보면, 꽤나 많은 사람이 "재미있게 말을 잘하는 사람이 되는 방법을 배우기 위해 교육에 참석했다."라고 말한다. 그들이 교육을 통해서 원하는 것은 조리 있고 매끄럽게 말하기, 강의 중에 교육생을 순간 집중 시킬 수 있는 기법(일명 강의 스파트 기법), 강단에서의 행동 원칙 등을 배우는 것이다.

'교수자 양성 과정'의 학습자들에게 말을 잘하는 사람과 강의를 잘하는 사람을 구분해 보라고 하면, 즉답하지 못하고 머뭇거린다. 흔히 '강의를 잘하는 사람은 곧 말을 잘하는 사람이다.'라고 이미 생각하고 있기 때문일 것이다. 하지만 말을 잘하는 것과 강의를 잘하는 것은 분명히 구별해야 할 내용이다.

말을 잘하는 것에 대한 정의는 사람마다 다르겠지만 일반적으로는 정확한 발음으로 또박또박 말을 하는 것, 청산유수처럼 막힘 없이 매끄럽게 얘기하는 것, 사람들을 집중시키며 재미있게 얘기하는 것, 상황에 맞게 적적할 얘기를 하는 것, 흥미진진한 정보를 재미있게 설명해 주는 것을 의미한다. 실제로 말을 잘하는 사람은 신문과 방송처럼 우리에게 정보를 잘 전달해 주는 좋은 매체가 된다. 물론 우수한 교수자들은 대체로 말을 잘한다. 그렇지만 우수한 교수자 중에는 말을 잘하지 못하는 사람도 있다.

그럼 강의를 잘하는 사람은 어떤 사람인가? 강의는 교육 활동이다. 교육의 목적은 사람을 변화시키는 것, 즉 몰랐던 것을 알게 하고,

할 수 없었던 것을 할 수 있게 하는 것이다. 그러므로 강의를 잘한다는 것은 교육의 목표, 즉 사람을 변화시키는 것에서 성공하는 사람을 의미한다. 강의를 하는 사람에게 가장 중요한 것은 자신이 맡은 교육의 목표이다. 교수자는 교육을 통해 사람을 어떻게 변화시키고, 또 교육 후에 행동과 성과에 영향을 줄 것인지에 대한 학습 목표를 세우고, 그 목표 달성에 책임을 져야 한다. 물론 학습 목표와 내용, 그리고 교수·학습 방법 등 교육의 모든 요소가 개발된 결과물을 가지고 강의하는 경우는 교수자가 굳이 목표 설정을 고민하지 않아도 된다. 그렇다고 해서 학습 목표 달성에 대한 책임감까지 없어지는 것은 아니다.

일반적으로 교수자들은 '내가 잘 말하면 학습자가 잘 이해할 것이다.'라고 생각한다. 하지만 거기에서부터 문제가 생긴다. 단순히 전달해야 할 내용을 포함하는 것만으로는 사람을 변화시킬 수 없다. 물론 학습자의 수준과 자세에 따라서는 그 정도만으로 충분할 수 있지만, 그런 경우는 예외일 때가 더 많다. 강의를 들은 사람 중에 "들을 땐 몰입이 되었는데, 시간이 조금 지나 생각해 보면 재미있었다는 기억 외에는 어떤 기억도 나지 않고, 나에게 별 의미가 되지 않는 강의였다."라고 양심 고백하듯 말하는 학습자도 있다.

결론적으로 강의를 잘하는 사람은 단순히 말을 잘하는 사람이 아니다. 강의를 잘하는 사람은 올바른 학습 목표를 설정하고, 높은 책임감으로 학습 목표를 달성하여 학습자에게 능력을 만들어 주는 사람이다. 학습 목표 달성에 책임감이 있는 교수자는 학습 목표 달성을 위해서 내용을 체계적으로 구성하고, 그 내용을 어떻게 전달할 것인가를 고민하고, 강의를 전개하면서 어떻게 학습자의 집중력을 유지할 것인지를 고민한다. 반대로 강의를 잘못하는 사람은 뚜렷한 변화 목표도 없고, 목표 달성의 책임감도 없는 사람이다. 그들은 스스로가 중요하다고 생각하는 내용을 다 말하는 것으로 책임을 다했다고 생각한다.

교수자가 받아야 할 평가는 "강의를 정말 잘하시네요. 내용에 대한 전문성이 대단하시네요."가 아니라 "덕분에 많은 것을 배우고 새로운 능력이 생겼습니다."가 돼야 한다. 학습 목표 달성에 초점을 맞춘 AMOS 모형을 따르면 저절로 강의를 잘하는 사람이 될 수 있다.

AMOS 모형의 미래

수업 설계 이론을 공부하면서 많은 교수자가 쉽게 사용할 수 있는 수업 설계 모형을 꾸준히 고민한 결과로 AMOS 모형을 개발하였다. 솔직히 처음엔 몇몇 사람이 수업 설계 방법으로 활용했지만, 언제부턴가 많은 사람이 활용할 수 있는 수업 설계 방법이 될 수 있도록 역할을 해야겠다는 사명을 품었다. 우선 AMOS 모형의 내용을 정리하여 학술대회에서 발표했다. 발표장에서 사람들은 관심을 보였지만 호기심에 그쳤다. 이후 AMOS 모형의 내용을 체계적으로 정리하여 학술지에 게재했다. 다소 산만했던 내용을 체계적으로 정리하는 계기가 됐고, 그간 비공식적이었던 내용에서 공식적 내용으로 전환되는 흐름이 됐다. 하지만 큰 변화는 만들지 못했다.

이번엔 본격적으로 AMOS 모형을 세상에 알리고, 현장의 교수자들이 쉽게 접근하고 활용할 수 있도록 하겠다는 마음으로 책으로 출간하였다. 아직 충분하지 않고, 부족한 점이 있지만, 우선 적극적으로 행동하는 것이 중요할 것이라는 생각으로 도전을 시작한다. 이 책을 계기로 AMOS 모형을 적용한 수업 설계 사례가 늘어나고, 그 과정에서 발생하는 문제 해결을 통해 AMOS 모형을 발전시킨다면 점점 더 좋은 수업 설계 모형이 될 것이다. 향후 AMOS 수업 설계 모형을 업그레이드하기 위한 과제는 다음과 같다.

첫째, AMOS 단계의 요소를 구체화한다. 예를 들어 Attention(주의 집중) 단계의 도입 방법, 주의 집중 방법, 주제 관련 지식과 경험을 확인하는 방법을 구체적으로 제시한다. 이런 식으로 Motivation(학습 동기 부여) 단계, Objective(학습 목표 달성) 단계, Satisfaction(만족감 제공) 단계의 하위 활동에 대한 구체적인 전략과 방법을 제시한다면 교수자들이 더 편하게 AMOS 모형을 활용할 수 있을 것이다.

둘째, AMOS 모형의 중심이라고 할 수 있는 학습 목표를 어느 수준에서 설정하는 것이 적정한가에 관한 연구가 필요하다. Merrill은 너무 작은 수준에서 학습 목표를 설정하고, 목표 달성 방법을 정교하게 제시함으로써 현실성이 떨어진다는 점에서 비판받았다. 이러한 한계를 극복하기 위해서는 적절한 수준의 학습 목표 설정을 위한 기준이 필요하다.

셋째, AMOS 모형을 효율적이고 효과적으로 적용할 수 있는 팀 작업 방법을 구체화 한다. 미래 사회의 핵심 역량으로 협력하여 문제를 해결하는 역량이 강조되고 있듯이, AMOS 모형을 활용한 수업 설계를 팀 작업으로 수행하는 방법을 구체화하면 더욱 효과적인 수업 설계 모형일 될 것이다.

넷째, AMOS 모형에 접근하는 방법을 다양화한다. 수업을 설계하는 전통적 방법에 더하여 최근 눈부시게 발전하고 있는 IT 기술을 활용하여 교수자가 PC 또는 휴대폰에서 수업을 설계할 수 있는 애플리케이션 등을 개발한다.

다섯째, AMOS 모형을 세상과 공유하며 함께 발전시키는 것이다. AMOS 모형에 관심이 있는 사람들이 모여 수업 설계 이론과 모형을 발전시키고, 세상의 많은 교수자에게 유용한 도구가 될 수 있도록 함께 노력한다.

AMOS 모형의 미래는 지속적인 연구와 개발에 달려 있다고 할 수 있다. 미래 지향적인 교육 철학을 바탕으로 새로운 미래를 만들어 가는 것이다. 거기까지 가려면 더 많은 연구와 적극적 행동이 필요하다. 이 책이 새로운 미래를 향한 도전의 출발점이 되길 기대한다.

참고문헌

김연순, 정현미. (2013). Merrill의 수업 기본 원리를 적용한 면대면 수업의 설계 및 효과. 교육공학연구, 29(3), 599-636.

박기용. (2007). 교수설계 모형과 실천 간의 차이와 원인 분석. 교육공학연구, 23(4), 1-30.

박인우. (2015). 교수와 수업, 수업이론, 수업설계이론에 대한 개념적 분석. 교육공학연구, 31(3), 633-653.

배영주. (2005). 자기주도학습과 구성주의. 서울: 원미사.

신재한, 김덕희. (2021). 미래교육을 준비하는 수업컨설팅: 이론과 실제. 서울: 박영스토리.

임철일 (2012). 교수설계 이론과 모형. 파주: 교육과학사.

이성혜 (2014). 대학생이 지각하는 Merrill의 제1교수원리가 수업에 적용된 정도가 학습자의 인지적 참여에 미치는 영향. 교육공학연구, 30(1), 77-103.

정인성, 나일주. (1999). 최신 교수 설계 이론 증보판. 파주: 교육과학사.

허영주. (2008). 전통적 교육방법과 구성적 교육방법의 통합 활용 가능성 탐색-Whitehead의 '교육의 리듬'을 중심으로-. 교육방법연구, 20(2), 91-107.

홍수민. (2021). 인공지능 스피커를 활용한 언어교육에서 교수자의 스캐폴딩 전략 개발. 석사 학위 논문, 서울대학교 대학원, 서울.

홍성욱. (2018). 강의실 수업 교수자를 위한 현장 지향 통합적 교수설계 모형(AMOS Model) 개발 연구. 교육공학연구, 34(4), 929-959.

홍성욱, 김종표. (2015). 기업의 학습능력 개발을 위한 통합적 교수설계 모형 개발. 산업교육연구, 31, 55-78.

홍성욱 (2014). 기업 교육을 위한 교수설계 모형의 통합적 접근 방안에 관한 연구. 박사 학위 논문, 백석대학교 대학원, 서울.

Gagné, R. M. (1985). The Conditions of learning and theory of instruction. 박성익, 최영수 공역(1996). 학습의 조건과 교수이론. 서울: 교육과학사.

Gagné, R. M., Briggs, L. J. (1979). Principles of instructional design(2nd). 김인식, 권요한 공역(1995). 수업설계의 원리(4판). 서울: 교육과학사.

Ground. N. E. (1978). Stating Behavioral Objectives for Classroom Instruction. 주영숙, 김정희 공역. (1996). 교실 수업을 위한 목표의 진술. 대구: 형설출판사.

Keller, J. M. (2010). Motivational design for learning and performance: the ARCS model approach. 조일현, 김찬민, 허희옥 공역(2013). 학습과 수행을 위한 동기설계. 서울: 아카데미 프레스.

Keller, J. M., & 송상호 (1999). 매력적인 수업설계. 파주: 교육과학사.

Merrill. M. David. (2013). First principles of instruction : Assessing and designing effective, efficient, and engaging instruction. 임규연, 김영수, 김광수, 이현우, 정재삼 공역(2014). 교수의 으뜸 원리: 효과적, 효율적, 매력적 교수설계. 서울: 학지사.

Reigeluth, C. M. (1993) Instructional-design terries and models : An overview of their current sautes. 박성익, 박동훈 공역(1996). 교수설계 이론과 모형. 파주: 교육과학사.

Reigeluth, C. M. (1999). Instructional-design theories and models: A new paradigm of instructional theory, vol. 2. 최욱, 박인우, 변호승, 양영선, 왕경수, 이상수 공역(2005). 교수설계 이론과 모형. 서울: 아카데미 프레스.

Reigeluth, C. M., & Carr-Chellman, A. A. (2009). Understanding instructional theory, In C. M. Reigeluth & A. A. Carr-Chellman (Eds.), Instructional-design theories and model volume III. (pp.3-26). New york, NY: Routledge.

Richey, R. C., Klein, J. D., Tracey, M. W. (2011). Instructional design knowledge base. 정재삼, 임규연, 김영수, 이현우 공역(2012). 교수설계 지식기반. 서울: 학지사.

Reigeluth, C. M., & Carr-Chellman, A. A. (2009). Understanding instructional theory, In C. m. Regeluth & A. A. Carr-Chellman (Eds.), Instrictional design theories and model volume Ⅲ. (PP. 3-26). NY: Routledge.

Reiser, R. A., & Dempsey, J.V. (2011). Trend and Issues in Instructional Design and Technology. 노석준 역. (2014). 교수설계 공학의 최신 경향과 쟁점. 서울: 아카데미 프레스.

색인

저자약력

홍성욱
동서울대학교 교수 / 교양교육센터

한양대학교 교육공학과를 졸업한 후, 한양대학교 교육대학원에서 교육공학 전공으로 석사학위를 받았고, 백석대학교 대학원에서 평생 교육·HRD 전공으로 박사학위를 받았다. 한국생산성본부 선임연구원을 거쳐 열린교육공학센터 대표, 워크스마트센터 소장, 홍강사닷컴 대표를 지냈다.

- 저서: 땡큐 드러커(한국생산성본부), 최고들의 7가지 습관(한언), 자유롭게 일하는 아빠(에듀포넷)
- 공저: NCS 기반 교수법(양서원), 직업기초 능력 자기계발(양성원)
- 이메일: oetc21@naver.com

홍수민
서울대학교 교육학과 박사과정 / 교육공학 전공

서울대학교 대학원에서 교육공학 전공으로 석사학위를 받았고, 현재 미래교육혁신센터 연구원으로 교수체제설계(ISD), 온라인 교육, 인공지능 및 메타버스 등의 테크놀로지를 통합하는 수업 설계를 연구하고 있다.

- 이메일: hongxiumin@snu.ac.kr

온·오프라인 수업설계 퀵 모형, AMOS Model

초판발행 2022년 6월 3일

지은이 홍성욱·홍수민
펴낸이 노 현

편 집 김윤정
표지디자인 BENSTORY
제 작 고철민·조영환

펴낸곳 ㈜ 피와이메이트
서울특별시 금천구 가산디지털2로 53, 210호(가산동, 한라시그마밸리)
등록 2014. 2. 12. 제2018-000080호
전 화 02)733-6771
f a x 02)736-4818
e-mail pys@pybook.co.kr
homepage www.pybook.co.kr
ISBN 979-11-6519-291-4 93370

정 가 13,000원

박영스토리는 박영사와 함께하는 브랜드입니다.